BIBLIOTECA CÁNTARO

UN TRATADO

PARA CONFIRMAR EN LA FE CRISTIANA A LOS CAUTIVOS DE BERBERÍA

CIPRIANO DE VALERA

Prefacio por Steven R. Martins

*Dedicado a mi querido hermano en la fe,
J.D. Fasolino*

cántaro publications

cantaroinstitute.org/es

Un Tratado para confirmar en la fe cristiana a los cautivos de berbería, Publicado por Cántaro Publications, Un sello editorial del Cántaro Institute, Jordan Station, ON.

© 2024 por Cántaro Institute. Todos los derechos reservados. Excepto para citas breves en publicaciones críticas o reseñas, ninguna parte de este libro puede ser reproducida de ninguna manera sin el consentimiento escrito previo de los editores.

Un Tratado para confirmar en la fe cristiana a los cautivos de berberia by Cipriano de Valera, originalmente publicado en 1594.

Traducido por Steven R. Martins

Transcriptor: Neider Leonardo Avendaño R.

Corrector de pruebas: Russell Galloway, Fernando Clavijo

ISBN: 978-1-990771-51-4

Impreso en los Estados Unidos de América

CONTENIDO

Prefacio *por Steven R. Martins* VII
0.0 Introducción 1
1.0 **Un Tratado para Confirmar la Fe Cristiana de los Cautivos de Berbería** 7
    1.1 Una fe *muerta* y una fe *viva* 10
    1.2 Una exhortación a leer las Escrituras 23
    1.3 La Persecución es de Esperarse 45
    1.4 Sobre la vida y práctica cristiana 55
    1.5 Nuestro credo bíblico 64
    1.6 Acerca de las expectativas judías 82
    1.7 La revelación del Nuevo Testamento 89
    1.8 La doctrina de la justificación 98
    1.9 Sobre el testimonio a musulmanes, judíos y paganos 123
    1.10 Palabras de clausura 136

PREFACIO

DESDE EL QUINTO centenario de la reforma protestante, ha habido un renovado interés en recuperar y relatar la historia y el patrimonio de la reforma. Un área particular que ha recibido cierta atención últimamente – *atención largamente merecida* – ha sido la reforma en España, o para decirlo más precisamente, la reforma que comenzó en España pero que más tarde fue expatriada debido a la creciente amenaza de persecución inquisitorial. Me duele decir que hasta el día de hoy, muchas de las obras de los reformadores españoles permanecen sin traducir. En algunos casos, todavía se conservan en su forma de escritura del siglo XVI; en la mayoría de los casos, han sido traducidas a una forma de español del siglo XIX; y muy pocas han sido traducidas al inglés y español modernos. De muchas de las obras olvidadas de estos reformadores españoles olvidados, quizás las más injustamente olvidadas, considerando la magnitud de su significado, son las de Cipriano de Valera (c. 1532-1602), quien es verdaderamente un gigante en la tierra de los reformadores.

Un reformador olvidado

Valera nació alrededor del año 1532 y pasó aproximadamente seis años en la universidad de su ciudad natal en Sevilla. Se registra que estudió dialéctica y filosofía, graduándose con un título de bachiller que sería reconocido fuera de España.[1] A principios de sus veinte años, se convirtió en miembro de la Orden de los Jerónimos Observantes en el monasterio de San Isidoro del Campo, que se encontraba a pocas millas al noroeste de su ciudad natal, Sevilla.[2] Si la Inquisición no hubiera impuesto su voluntad, se po-

---

1. A. Gordon Kinder, "Religious Literature as an Offensive Weapon: Cipriano de Valera's Part in England's War with Spain", *The Sixteenth Century Journal: The Journal of Early Modern Studies*, Vol. 19, No. 2 (Summer, 1988), 223.

2. Bibliotheca Wiffeniana, *Spanish Reformers of Two Centuries from 1520: Their Lives and Writings, According to the late Benjamin B. Wiffen's Plan and with the Use of His Materials. Described by Edward Boehmer* (Strassburg, 1904), Vol. III, 149.; Kinder, "Religious Literature as an Offensive Weapon", 223.

dría argumentar que el movimiento de reforma que se preparaba para barrer a través de España habría tenido un impacto cultural profundo, dado la base principal desde la cual el movimiento habría surgido. El historiador Lewis J. Hutton escribe que, dado el papel de la Orden Jerónima en "dar expresión a una espiritualidad española distintiva", España podría haber "logrado una tecnología industrial y un tipo de capitalismo europeo", tesis originalmente propuesta por Américo Castro en su libro *Aspectos del Vivir Hispánico*, una expansión de *Erasmo y España* de Marcel Bataillon.[3] Esto tenía algo que ver con el "trabajo manual" siendo visto y tratado como un "renacimiento del programa inicial de los Franciscanos... una característica de aquellos que primero siguieron la expresión religiosa Jerónima,"[4] y que en resumen podría expresarse, aunque de forma cruda y no desarrollada, como adorar a Dios en todos los aspectos de la vida, y no solo percibido dentro de los confines de lo que supuestamente era "sagrado" según el pensamiento escolástico medieval. Dicho de otra manera, podríamos de-

---

3. Lewis J. Hutton, "The Spanish Heretic: Cipriano de Valera", *Church History*, Cambridge University Press, Vol. 27, No. 1 (March, 1958), 23.

4. Ibid., 24.

cir que la Orden de los Jerónimos Observantes tenía las brasas de lo que más tarde se convertiría en la "ética protestante del trabajo",[5] pero a diferencia de otros lugares en Europa que vieron este desarrollo y florecimiento, tales brasas fueron sofocadas por la Inquisición.

Se dice que los hermanos de este monasterio en particular fueron profundamente influenciados por la reforma protestante en la década de 1550, al estar expuestos a las obras provenientes de Alemania (Martín Lutero) y Ginebra (Juan Calvino),[6] y no fue hasta 1557 que las autoridades religiosas españolas se dieron cuenta de esta creciente comunidad protestante y desataron

---

5. "El pionero sociólogo Max Weber fue el primero en llamar la atención sobre la ética protestante del trabajo. En su libro *La ética protestante y el espíritu del capitalismo*, publicado en 1904, Weber estudió el fenomenal crecimiento económico, la movilidad social y el cambio cultural que acompañaron a la Reforma. Llegó incluso a atribuir a la Reforma el mérito del surgimiento del capitalismo" en Gene Edward Veith, "The Protestant Work Ethic", *Ligonier Ministries*. Consultado 15 de Enero, 2024, https://www.ligonier.org/learn/articles/protestant-work-ethic.

6. Hutton, "The Spanish Heretic: Cipriano de Valera", 25.

la Inquisición en una respuesta rápida y mortal.[7] Muchos fueron aprehendidos y sufrieron terriblemente, muriendo a manos de sus perseguidores católicos, pero algunos pocos lograron escapar y encontrar refugios seguros que proporcionaban un clima teológico más afín para las convicciones protestantes. Valera fue uno de los que lograron escapar.[8] Es gracias a las *Artes de la Inquisición Española* (1567) que tenemos tal información sobre cómo transcurrió esto, desde la infiltración de ideas reformadas hasta el surgimiento de la Inquisición, obra que fue autoría del pseudónimo Raimundo González de Montes, del cual algunos han afirmado que era el pseudónimo de Casiodoro de Reina o Antonio del Coro.[9]

Se cree que Valera viajó a Ginebra con algunos de sus hermanos protestantes españoles,[10] y

---

7. Kinder, "Religious Literature as an Offensive Weapon: Cipriano de Valera's Part in England's War with Spain", 223.

8. Ibid., 223.

9. Hutton, 25.

10. Natalio Ohanna, "Heterodoxos en cautiverio: de Cipriano de Valera a los protestantes del norte de África", *Hispanic Review*, University of Pennsylvania Press, Vol. 80, No. 1, (Winter, 2012), 22.

aunque su tiempo con Juan Calvino (que se asume dado su posterior traducción al español de *Las Instituciones de la Religión Cristiana*, que fue la obra magna de Calvino) resultó ser influyente para su propio desarrollo teológico, llevándolo a convertirse en un calvinista doctrinal, no permaneció en Ginebra debido al trágico destino de Servet, quien fue asesinado por sus puntos de vista unitarios y heréticos. Aunque Valera era trinitario en su comprensión doctrinal de Dios, era español como Servet, y dado las sospechas que surgieron respecto a la amistad de Casiodoro de Reina con Servet – siendo Reina un mentor de Valera desde su tiempo en el monasterio en Sevilla – se hizo evidente que Calvino no "tenía simpatía por los españoles".[11] Esto llevó a la partida de Valera de Ginebra, y con el ascenso de la Reina Isabel en Inglaterra, estuvo entre muchos refugiados españoles que se dirigieron a tierras protestantes, llegando a Londres en 1558.[12] Como Valera afirma en su introducción a la *Institución Religiosa*:

---

11. Kinder, "Religious Literature as an Offensive Weapon: Cipriano de Valera's Part in England's War with Spain", 224.

12. Ibid.

Miles y miles de pobres extranjeros se han refugiado en Inglaterra (sin mencionar otros reinos y repúblicas) para salvar sus conciencias y sus vidas, donde, bajo la protección y cuidado, primero de Dios y después de la serenísima señora, la Reina Isabel, han sido defendidos y cuidados contra la tiranía del Anticristo y sus hijos los Inquisidores.[13]

Mientras que Reina continuaría fundando y pastoreando una iglesia en Londres, "bajo el auspicio del llamado *coetus*, o consejo, de las Iglesias de los Extranjeros", Valera en cambio se dirigió a Cambridge, donde su grado de Sevilla fue reconocido y donde fue incorporado por la Universidad el 9 de febrero de 1559.[14] El 12 de enero del año siguiente, "fue nombrado para una beca del Magdalene College en esa universidad, donde su distinguido compatriota, Francisco de

---

13. Cipriano de Valera, "A Todos los Fieles de la Nazion Española", en Juan Calvino, *Instituzion Relijiosa* (1536), traduzida al castellano por Cipriano de Valera en 1597. Vol. XIV of *Reformistas Antiguos Españoles* editado por Luis Usoz y Rio (Madrid, 1858), 9.

14. Kinder, "Religious Literature as an Offensive Weapon: Cipriano de Valera's Part in England's War with Spain", 224.

Enzinas (Dryander), también había servido"[15] antes de la persecución mariana.[16] Actualmente no disponemos de evidencia para determinar exactamente qué enseñaba Valera mientras estaba en Cambridge, pero podemos suponer que, dado que los ingleses buscaban fortalecer su posición protestante, y dado que había un buen número de protestantes extranjeros en Oxford y Cambridge ocupando puestos de enseñanza, es probable que Valera fuera profesor de teología.[17] Lo que sí sabemos con certeza es que permaneció en su puesto hasta 1567.[18] Después de esto, Valera se trasladó a Londres, la ciudad donde Reina había estado pastoreando, y debido a la rápida partida de Reina de Inglaterra, orquestada por los espías y agentes

---

15. Ibid.

16. Durante su reinado de cinco años, la Reina María de Inglaterra (1516-1558) hizo quemar en la hoguera a más de 300 disidentes religiosos en lo que se conocen como las persecuciones marianas.

17. Ivan E. Mesa, "'Open Your Eyes, O Spaniards': Cipriano de Valera – A Forgotten Spanish Protestant of the 16th Century", *The Banner of Truth* (Feb. 2015), 25.

18. Kinder, "Religious Literature as an Offensive Weapon: Cipriano de Valera's Part in England's War with Spain", 224.

de la Inquisición mediante un falso escándalo, se cree que Valera asumió la posición pastoral de la iglesia española hasta su eventual disolución, tras lo cual Valera asistió a la congregación italiana.[19] Para entonces, Valera estaba casado y tenía varios hijos. Bien podría decirse que Valera no

---

19. Ibid., 225.; Mientras que Kinder cree que la iglesia española se disolvió inmediatamente después de la partida de Reina, es difícil asumir esto dado que Valera estaba igualmente comprometido con esta iglesia española como lo estaba Reina. Aunque no era miembro residente de la iglesia mientras estaba en Cambridge, de todas formas contribuyó a *La Confesión Española de la Fe Cristiana* presentada por Reina editando la obra antes de su entrega a los consistorios y su publicación. Véase *La Confesión Española de la Fe Cristiana* (Jordan Station, ON.: Cántaro Publications, 2023). Quizás la iglesia española finalmente se disolvió dada la ausencia de su pastor fundador, pero creo que es prematuro sugerir que se disolvió inmediatamente y no al menos se disolvió gradualmente bajo el liderazgo de Valera, quien sirvió como ministro de la Iglesia de St. Mary Axe, que albergaba la congregación española de refugiados protestantes. Pero Hutton afirma lo contrario, él afirma que la iglesia española continuó reuniéndose bajo el liderazgo pastoral de Valera, y no tenemos razón para concluir que la iglesia se disolvió mientras él permaneció en su puesto. Véase Hutton, "The Spanish Heretic", 27.

solo encontró un lugar para ejercer su ministerio como protestante, tanto para aquellos dentro de Inglaterra como para aquellos españoles exiliados y cautivos debido a sus convicciones protestantes, sino también un lugar que considerar su hogar.

En el año de la Armada Española, que fue 1588, en ese momento cuando la Armada Española fracasó catastróficamente en su intento de invadir Inglaterra, Valera comenzó a intensificar sus composiciones escritas de literatura protestante española con la esperanza de (1) fortalecer la propaganda contra la España católica, y (2) edificar a los protestantes dentro de España que estaban en las garras de la Inquisición, así como a aquellos que fueron exiliados de su patria.[20] Sabemos esto no solo por el contexto histórico y cultural de la época, sino porque Valera también admitió que sus intentos literarios de hacer disponible la Palabra de Dios eran un "arma efectiva contra el Anticristo en España".[21] Esto, y el hecho de que

---

20. Kinder, "Religious Literature as an Offensive Weapon: Cipriano de Valera's Part in England's War with Spain", 223, 225.

21. Valera en el prefacio al *Catholico Reformado*, A4r: "Lo qual espero en mi Dios que con este y otros semejantes libros en que se trata la palabra de Dios, vendrá algún día en efecto. Porque los verdaderos

encontramos a otro que también contribuyó a la producción literaria española, su antiguo compañero Antonio del Corro, otro reformador español.[22] Solo podemos imaginar lo contentos que estaban los ingleses de tener a Valera en sus filas, ya que demostraría no solo enseñar bien, sino tener la capacidad de "escribir polémica religiosa", convirtiéndose en un "activo muy deseable para los ingleses en este concurso ideológico" de la verdad protestante sobre el error católico. De sus muchas contribuciones, *Dos Tratados del Papa y de la Misa* de Valera fue uno de los más formidables, que, según el erudito de la reforma española Gordon A. Kinder, "tiene la distinción de ser la primera edición original de una obra española y solo el segundo libro en español impreso en Inglaterra".[23] El empuje general de esta obra era

---

soldados, las verdaderas lanças, espadas, arcabuzes, mosquetas y lombardas para hazer la guerra al Antechristo es la palabra de Dios: con esta palabra el Antechristo ha recibido mortales heridas: de las quales sin duda morira."

22. Kinder, "Religious Literature as an Offensive Weapon: Cipriano de Valera's Part in England's War with Spain", 225.

23. Ibid., 226.; Kinder también señala que el primer libro en español impreso en Inglaterra fue el de

informar al lector sobre la verdad bíblica de tal manera que invalidaba las afirmaciones del papado y, por lo tanto, al papado mismo, mientras que al mismo tiempo exponía muchos elementos de la misa católica como sincréticos y paganos en su naturaleza, logrando su objetivo de demoler ambos pilares del catolicismo romano. Como señala Kinder, "demoler cualquiera y el otro caerá con él".[24]

La otra contribución más notable es su *Tratado para confirmar en la fe Cristiana a los cautivos de Berbería*. Esta obra, que es la ocasión de este extenso prólogo, fue impresa por Peter Short en 1594 como un "libro octavo de 106 páginas, al que se le [originalmente] adjuntó la primera edición de *Enxambre de los falsos milagros*."[25] Para aquellos no familiarizados con el término Berbería en este contexto, se refiere a los piratas

---

Corro, *Reglas gramaticales para aprender la lengua española y francesa*, publicado en Oxford por Joseph Barnes, 1586.

24. Kinder, "Religious Literature as an Offensive Weapon: Cipriano de Valera's Part in England's War with Spain", 227.

25. Ibid., 230.

berberiscos, o corsarios.[26] Los berberiscos eran esencialmente piratas musulmanes que operaban desde la costa del norte de África. Alcanzaron su apogeo de poder en el siglo XVII y permanecieron activos hasta bien entrado el siglo XIX. Aunque la piratería generalmente puede reducirse a agentes rebeldes que operan en el mar para su propio beneficio económico, los berberiscos tuvieron importancia política desde el siglo XVI dado los logros y directrices de Barbarroja (Khayr al-Din), quien unió Argelia y Túnez bajo el sultanato otomano y aseguró a través de la piratería un ingreso constante.[27] Su objetivo principal era la captura de esclavos para el comercio islámico, y estos esclavos a menudo consistían en cristianos y judíos, y en algunos casos, también musulmanes.[28] España y

---

26. Véase Hugh Murray, *The Encyclopaedia of Geography: Comprising a Complete Description of the Earth, Physical, Statistical, Civil and Political* (Lea and Blanchard, 1841).

27. Ohanna, "Heterodoxos en cautiverio: de Cipriano de Valera a los protestantes del norte de África", 23.

28. Robert Davis, "British Slaves on the Barbary Coast", *BBC*. Accessed January 08, 2024, https://www.bbc.co.uk/history/british/empire_seapower/white_slaves_01.shtml/.

Portugal conocían bien a los piratas berberiscos, o corsarios, porque notoriamente asaltaban pueblos y aldeas costeras, hasta tal punto que se hacía difícil asentar tales regiones costeras. El tratado de Valera, entendido así en este contexto histórico, puede interpretarse como una carta a todos aquellos protestantes que llegaron a la fe salvadora ya sea antes o durante su cautiverio bajo los otomanos. El tratado había sido escrito desde un corazón cargado y pastoral para "alentar a los cautivos de los piratas berberiscos que eran esclavos de galera".[29] Aunque se ha argumentado en la academia que lo que Valera quiso decir con "Berbería" era en realidad España y sus agentes inquisitoriales, y los "cautivos" eran aquellos protestantes en mazmorras enfrentando los cargos de la Inquisición,[30] la clara referencia a los moros en el cuerpo de la obra deja claro que Valera tenía en mente a aquellos pobres cautivos en manos de los musulmanes.[31] La posibilidad ciertamente permanece abierta a

---

29. Kinder, "Religious Literature as an Offensive Weapon: Cipriano de Valera's Part in England's War with Spain", 230.

30. Ibid.

31. Ohanna, "Heterodoxos en cautiverio: de Cipriano de Valera a los protestantes del norte de África", 31.

lo que actualmente sugiere la academia, pero no se puede argumentar que sea uno u otro, ¿por qué no ambos si hay tal insistencia? Valera fue lo suficientemente explícito en su escritura para dejar claro quiénes eran sus principales lectores. Y tan bien escrito fue este tratado que siglos después, el historiador católico Marcelino Menéndez y Pelayo, quien tenía tal desdén por los protestantes españoles,[32] comentó que dicho tratado estaba escrito con tal fervor y elocuencia.[33]

Valera produjo muchas otras obras, incluyendo *Aviso sobre los Jubileos* y la traducción al español de las *Instituciones de la Religión Cristiana* de Calvino, pero por lo que es más conocido es por su trabajo editorial en la revisión de la traducción al español de la Biblia, a la que se ha referido como la *Biblia del Cántaro*.[34]

Es digno de mención que, aunque Valera permaneció en refugios seguros mientras producía

---

32. Hutton, "The Spanish Heretic: Cipriano de Valera", 30.

33. Marcelino Menéndez y Pelayo, *Historia de los Heterodoxos*, 5:186-189.

34. Kinder, "Religious Literature as an Offensive Weapon: Cipriano de Valera's Part in England's War with Spain", 233.

todas sus obras, de todas formas fue juzgado en ausencia y encontrado culpable de herejía por la Inquisición, y su efigie, como resultado, fue quemada en la hoguera después de su presentación en el *auto-da-fé* en Sevilla el 26 de abril de 1562.[35] Nada sorprendente, especialmente teniendo en cuenta que era considerado el principal hereje español por la Inquisición española.[36] Valera era un enemigo tan formidable que todas sus contribuciones literarias eran como fuego de artillería dinámico. Como escribe Hutton, Valera era el hereje protestante, a los ojos de la Inquisición, "*par excellence*".[37] ¿Y qué era lo que lo hacía una amenaza tan grande para la España católica? Su espíritu reformador, como escribe Ivan Mesa:

> En sus comentarios más anti-papales, Valera acusó a la Iglesia Católica Romana de haber

---

35. Madrid, Archivo Histórico Nacional, Inq. leg. 20721, fol. 8v: "Fray Cipriano, frayle del dicho monasterio absente condenado, relaxado su estatua por herege lutherano."

36. Mesa, "'Open Your Eyes, O Spaniards': Cipriano de Valera – A Forgotten Spanish Protestant of the 16th Century", 26.

37. Hutton, "The Spanish Heretic: Cipriano de Valera", 24.

abandonado el camino de los apóstoles y el mandamiento de Cristo, por no cuidar de las ovejas y por mantenerlas en la ignorancia. Estos líderes se proclamaban a sí mismos como 'vicarios de Cristo', pero en realidad eran culpables de alejar a las personas de un verdadero conocimiento y obediencia a Cristo. Valera lanzó una clara advertencia contra los falsos maestros...[38]

En retrospectiva, al considerar las contribuciones de Valera,[39] aunque menores en comparación con otros reformadores de su época, es no obstante un gigante entre los reformadores españoles, bien formado en su teología, calvinista en doctrina,[40] bien versado en los escritos de los padres de la iglesia y en la historia de la iglesia. Demostrando tal amplitud de conocimientos, incluyendo "las vidas de los santos, teólogos

---

38. Mesa, "'Open Your Eyes, O Spaniards': Cipriano de Valera – A Forgotten Spanish Protestant of the 16th Century", 27.

39. Hutton, "The Spanish Heretic: Cipriano de Valera", 28.

40. Véase Thomas McCrie, *History of the Spanish Reformation: Progress & Suppression in the 16th Century* (Jordan Station, ON.: Cántaro Publications, 2023), 379.

medievales, escritores católicos romanos, particularmente españoles e italianos" y familiarizado con "autores paganos clásicos y poetas seculares italianos y españoles... y una amplia variedad de obras protestantes" y documentos judíos antiguos – haciendo referencia, por ejemplo, a *La Caída de Jerusalén* de Josefo en su tratado a los cautivos de Berbería – Valera es en todos los sentidos un erudito protestante español significativo digno de nuestra consideración.[41] Como escribe Kinder:

> El gran interés en Cipriano de Valera radica en que aquí había un español, nacido y criado en España, que, por lo que sabemos, nunca había viajado al extranjero, pero que, sin embargo, se convirtió en un protestante convencido y propagandista, dispuesto a dejar su hogar y soportar un exilio permanente por las creencias que sostenía. Sin duda trató de vivir según la cita de I Esdras 4:38, "Vale y Valera la Verdad" (La verdad permanece y es fuerte para siempre), que utilizó

---

41. Kinder, "Religious Literature as an Offensive Weapon: Cipriano de Valera's Part in England's War with Spain", 228, 235.; Véase G. A. Kinder, "Three Spanish Reformers," 385-390.; Ohanna, "Heterodoxos en cautiverio: de Cipriano de Valera a los protestantes del norte de África", 26.

como un lema personal significativo.[42]

Pero Valera no debe ser visto solo como un erudito notable, sino también como un apologista y evangelista fenomenal. En verdad, al leer sus muchas obras y contribuciones a la reforma española expatriada, vemos en Valera, no solo un fuerte espíritu reformacional, sino también un celo evangelístico y una preocupación pastoral, evidenciada por su expresión de tristeza y pesadez de corazón por aquellos fieles que están afligidos y por aquellos que están perdidos en su pecado. Nadie hace el tipo de cosas que Valera hizo a menos que tenga una convicción incuestionable y un "deseo ardiente", como vemos expresado en la propia escritura de Valera:

> Abran los ojos, oh españoles, y abandonando a aquellos que los engañan, obedezcan a Cristo y a Su Palabra que sola es firme e inmutable para siempre. Establezcan y funden su fe sobre el verdadero fundamento de los Profetas y Apóstoles y único Cabeza de Su Iglesia.[43]

---

42. Kinder, "Religious Literature as an Offensive Weapon: Cipriano de Valera's Part in England's War with Spain", 235.

43. Valera, "A Todos los Fieles de la Nazion Española", 12.

Un regalo para la iglesia actual

Es en este contexto histórico que el Cántaro Institute se siente muy honrado de llevar la obra de Valera tanto a la imprenta moderna en inglés como en español. Y en lo que respecta al *Tratado para confirmar en la fe cristiana a los cautivos de berbería*, hasta donde nuestro equipo de investigación ha podido afirmar, lo que actualmente tienen en sus manos es la primera traducción al español moderno de la obra de Valera, o, al menos, la primera traducción al español moderno hecha pública. Y es nuestra esperanza continuar trayendo estas obras olvidadas a la luz, una tras otra. Como Mesa identifica correctamente:

> En los últimos años ha habido un creciente interés en la teología Reformada en el mundo de habla inglesa. Si bien estamos agradecidos por esta tendencia, existe la necesidad de este mismo renacimiento entre los hispanohablantes. El estudio de los protestantes españoles del siglo XVI, incluyendo a Cipriano de Valera, es una gran fuente de aliento, así como un recordatorio de que la predicación del evangelio y las verdades Reformadas no han sido desconocidas en el idioma español.[44]

---

44. Mesa, "'Open Your Eyes, O Spaniards': Cipriano

No podríamos haberlo expresado mejor. Existe una necesidad, y el Institute busca satisfacer esa necesidad. Y no solo para el mundo hispanohablante, sino para la totalidad de la Anglosfera, que no ha estado suficientemente expuesta a tales obras protestantes españolas. Lo que tienen ante ustedes, *Un Tratado para confirmar la fe cristiana de los cautivos de berbería*, es verdaderamente una joya de la Reforma. Al leerlo detenidamente, discerniendo y meditando sobre el pensamiento de Valera, encontrarán que, en comparación con muchas de las otras obras producidas en el siglo XVI que hacen referencia a los moros y al pueblo islámico, Valera adopta un enfoque menos polémico y más misional, deconstruyendo no solo el catolicismo y el judaísmo, sino también el islam como descendiente de esa rama herética de la fe cristiana conocida como el arrianismo del siglo IV,[45] y alentando el testimonio del evangelio a estos hombres y mujeres sin Dios, albergando en lo profundo la esperanza de que esos cautivos cristianos protestantes puedan sembrar la semilla

---

de Valera – A Forgotten Spanish Protestant of the 16th Century", 29.

45. Ohanna, "Heterodoxos en cautiverio: de Cipriano de Valera a los protestantes del norte de África", 27-28.

del evangelio y verla dar fruto entre sus captores.[46] Valera tuvo la audacia de creer, como todos deberíamos, que el evangelio puede transformar los corazones de aquellos a quienes podríamos percibir como nuestros enemigos más acérrimos. Eso debería provocarnos a tener una fe igual o mayor en lo que el evangelio puede lograr por el poder del Espíritu de Dios.

Soli Deo Gloria.

---

46. Ibid., 22, 35.

INTRODUCCIÓN A LA EDICIÓN DE 1872

BASTEN COMO PRÓLOGO algunas palabras de Don Luis de Usoz y Rio, el cual tanto ha servido a su patria, reimprimiendo esta obra y otras muchas de los antiguos reformadores españoles, las cuales sin él tal vez hubieran quedado olvidadas para siempre.

«En verdad, en los aterradores anales del cautiverio de la esclavitud y en los no menos tristes de la empedernida y constante indolencia de los tiranos, no se presenta espectáculo más aflictivo y cargado de miserias, que el de la vida de los cautivos en Berbería, sobre todo en aquella ladronera de Argel, que estaba a la vista y tocaba los dominios de esos dos aplaudidos monarcas nuestros Carlos I y Felipe II. Ahí gemían atormentados cincuenta mil cautivos en solo Argel ... y estas lastimas y pérdidas y cautiverios sin fin, que no remedió ni acabó el Señor Don Carlos I, fueron subiendo tan de punto con el gobierno del sabio, prudente y sagaz Don Felipe II su hijo, que, aludiendo a él y a ellas, exclama un historiador nuestro de ropa negra, en estos términos:

> «¿no es para cristianos afrenta y afrenta muy vergonzosa, que tantos reyes gasten tan profusamente los tesoros, destruyen profanamente tantas riquezas; y que para socorrer a un cristiano cautivo sean tan tenaces, tan duros, tan avaros y apocados? ¿Qué los ciega, que no miren, que con ninguna cosa podrían convertir los ojos del mundo a mirarles con más amor y espanto, que con una procesión de cautivos que llevasen a España?...

Por eso Valera, sabedor del miserable estado de los cautivos hizo por ellos lo único que podía, que era el darles con esta especie de *Epístola Consolatoria* el postrero pero el más eficaz consuelo de tristes, el consuelo de la religión. Imitaba en esto a su compatriota el Doctor Juan Pérez, con imitación bien propia y adecuada, puesto que los mismos cordiales y consuelos necesitaban los cautivos en Berbería que los de la inquisición...

INTRODUCCIÓN

Concluiré rogando a todo amigo del bien de España, que lea con atenta y buena intención esta obra y las antes reimpresas y las que alcanzo a reimprimir; ya que todas ellas son prendas no despreciables de españolismo, formadas en unos tiempos y sazones que a cada paso nos recomiendan como los mejores de España aquellos contemporáneos nuestros, que se tienen por genuinos, doctos é hidalgos españoles.»

«*Por tu causa, oh Señor, nos matan cada día;
somos tenidos como ovejas para el degolladero.
Despierta, ¿por qué duermes, Señor? Despierta,
no te alejes para siempre.*»
— **Salmo 44:22-23**

Sevilla Chapel

319 Merritt St.
St. Catharines, ON
L2T1K3

April 13, 2024
2:36 PM

Receipt: I8L5
Authorization: 09403I

VISA CREDIT
AID A0 00 00 00 03 10 10

Custom Amount	$30.00
Total	**$30.00**
Visa 5642 (Contactless)	$30.00

APPROVED

TADO
FIRMAR
RISTIANA
TIVOS DE
RÍA

alera

A todos los pobres cautivos de Berbería, que padecen por el Evangelio de Jesucristo, salud en el mismo Señor.

MUY AMADOS HERMANOS EN EL Señor. Por nueva certísima, así de palabra como por carta, he entendido las grandes misericordias y mercedes que el Padre de las misericordias y de las mercedes os ha hecho de poco acá: que es, que siendo vosotros unos pobres y miserables cautivos, ocupados de día y de noche en grandes aflicciones y trabajos corporales, y demás de esto no siendo vosotros ejercitados en la lección de la sagrada Escritura, mas antes muy ajenos de ella, y por tanto cristianos solamente en el nombre, Su Majestad movido no por vuestros méritos ni por vuestras buenas obras, que hubieseis hecho, sino por su gran misericordia, clemencia y bondad conforme a su eterno consejo y decreto os ha querido sacar de la ignorancia en que fuisteis criados, y os ha dado a conocer a Jesucristo nuestro Redentor. Por lo cual, yo desde el día que lo oí, no ceso de orar por vosotros y pedir a Dios que seáis llenos de todo conocimiento de su voluntad, en toda sabiduría y entendimiento espiritual, para que andéis como es digno de vuestra cristiana reformada religión que profesáis, agradando al Señor en todo, fructificando en todas buenas obras, y creciendo en conocimiento de Dios; corroborados de toda fortaleza conforme a la potencia de su gloria, en toda tolerancia y paciencia y largura de ánimo, con gozo, de manera que no seáis ya cristianos solamente en el nombre, como de antes lo erais, más en realidad de verdad. Y así para confirmación que de veras confesáis a Cristo, habéis padecido por El y tenidos combates con los adversarios y enemigos de la cruz de Cristo, que os querían quitar y despojar de un tan gran bien y tesoro como es el que Jesucristo, nuestro Redentor, os ha ahora de nuevo hecho, manifestándoseos y dándoseos a conocer mucho más claramente que antes.

1.1 Una fe *muerta* y una fe *viva*

Porque vuestra fe, que antes teníais, no era sino una fe histórica, una fe muerta, cual los impíos y aun los mismos demonios la tienen, los cuales, como dice Santiago 2:19, creen y tiemblan.[1] Además de vosotros tener una tal fe que no agra-

---

1. Nota del Editor: Valera suele referenciar el *comienzo* de un pasaje bíblico, pero no dónde termina exactamente la cita. Hemos decidido respetar esta elección estilística de Valera.

da a Dios, vuestra religión que pensabais que era cristiana, era fundada no sobre palabras de Dios, sino sobre sueños, ilusiones del demonio y falsos milagros; como son los que confirman el purgatorio, los que confirman la transustanciación, que hacen creer que el pan y el vino, que comemos y bebemos y se convierten en nuestra substancia, (pero administrados conforme a la institución del Señor, son sacramentos del verdadero cuerpo y sangre de Cristo) deja de ser pan y vino y se convierte en cuerpo y sangre de Cristo. Y así sueñan que, si en cien mil lugares en un momento y tiempo se dijesen cien mil misas, en cada una de ellas estaría el verdadero cuerpo y sangre de Cristo, y el mismo Cristo real y carnalmente, tamaño y tan grande como estuvo en la cruz. Lo cual es contra lo que los verdaderos cristianos profesan, que no hay más que un Jesucristo y que este Jesucristo no tiene más que un cuerpo, según el cual nació, vivió en el mundo, murió, resucitó, subió a los cielos y no está aquí abajo según la presencia corporal, mas está sentado a la diestra del Padre, de donde no ha de bajar hasta el último día, que venga a juzgar los vivos y los muertos como lo confesamos en el credo. Bien diferente confesión es esta de la de nuestros adversarios.

Además de esto dan tanta autoridad a un hombre pecador, a un hombre de pecado e hijo de perdición que llaman papa, que lo hacen Dios en la tierra, en el cielo, en el infierno y en el purgatorio; y si más lugares ellos imaginasen, en todos ellos lo harían Dios. Creen que no puede errar, y que no pudiendo errar, no está sujeto al juicio de persona viviente, ni aun de los mismos ángeles; y así no hace cuenta de príncipes, reyes, emperadores, ni de concilios, ni de toda la iglesia universal. Este, como Dios, perdona pecados, inventa nuevos artículos de fe y pronuncia ser herejes todos aquellos que no los creen; hace que los hombres honren a Dios con nuevos cultos que nunca Dios mandó, como son invocar los santos. El que tiene mal de ojos invoca a Sta. Lucía, el que tiene dolor de muelas a Sta. Polonia, el que tiene mal en la garganta a San Blas etc., y aun pasan adelante; no se contentan con invocarlos santos, sino que invocan sus imágenes, sus estatuas, o por mejor decir, sus ídolos. Y así cuando se ven en peligro de su vida, cuando ven, que la nave en que están, se va hundiendo, unos dirán: *¡Señora mía de Monserrate!* otros: *¡Madre de Dios de Guadalupe!* otros: *¡Santa María del Antigua!* De Dios, de su hijo Jesucristo, que es el único intercesor y medianero para con el Padre, casi no hay quien se acuerde. Nunca leemos que la

Virgen Santísima, ni San Pedro, ni San Pablo, ni ninguno de los apóstoles, ni patriarcas, ni profetas, haya dicho: Invócame en el día de la tribulación y yo te libraré; pero leemos en muy muchos pasos de la Escritura, que Dios manda que le invoquemos en la tribulación; y da su palabra, la cual nunca faltara, que nos librara. Me contentaré con un paso del Salmo 50:15: «Llámame, dice Dios, en el día de la angustia; te libraré y me honraras.» Notad, que dice Dios, que cuando el hombre invoca a Dios, Dios recibe este servicio por honra debida a él; y siendo Dios celoso no quiere que su honra se dé a criatura ninguna. A este propósito los pobres papistas van en romerías, unos a esta imagen, otros a la otra, conforme a su loca devoción; justamente les dirá Dios: ¿Quién os demandó estas cosas de vuestras manos? A estos tales justamente se les puede decir lo que dijo Dios al pueblo judaico (Isaías 29, 13) que es lo mismo que dijo el Señor a los Escribas y Fariseos (S. Mat. 15:9): «En vano me honran enseñando doctrinas, mandamientos de hombres.»

¿Qué diré aquí de las virtudes que ellos dicen que tiene su agua bendita? Cada domingo el preste exorciza (como ellos llaman) primeramente la sal y después el agua; hecho esto, echa la sal en el agua y se va a la iglesia y rocía con ella al pueblo.

Yo bien me acuerdo que el preste decía, haciendo el asperges (que así llaman a este rociar:)[2] *aqua benedicta sit vobis salus et vita*, quiere decir, *el agua bendita os sea a vosotros salud y vida*. Blasfemia terrible contra la Majestad divina. ¿No es esto quitar la gloria a Dios y darla a la criatura? Creen que esta agua bendita da salud al cuerpo y aprovecha al ánima, y que vale contra los espíritus malignos, y que limpia no solamente a los hombres, más aún las cosas que no tienen vida. Y así la echan sobre la tierra, sobre las piedras, sobre las sepulturas; y el preste ruega a Dios que le dé esta fuerza y virtud. También sirve para las mujeres; porque la primera vez que después de paridas salen, van a la iglesia y el preste las sale a recibir con su hisopo en la mano[3] y con él las rocía a la puerta de la iglesia, y así con esta agua son purificadas. En conclusión, esta agua sirve para muchas cosas; pero principalmente para conjurar espíritus, y más si es de noche, y el conjurador se tiene por muy seguro de los diablos, si tiene a su lado agua bendita, que por

---

2. El rito católico de rociar a la congregación con agua bendita antes de la misa principal del domingo, proviene del latín *aspergere*, que significa "lavar" o "rociar".

3. Un instrumento litúrgico católico utilizado para el asperges, el rociado de agua bendita.

entonces es su dios. Sirve también para bendecir y santificar todos los ornamentos de decir misa; con ella rocían el lugar donde se ha de edificar alguna iglesia, y cuando esta edificada, el obispo rocía lo alto de las paredes, después lo del medio y después lo bajo. Seria nunca acabar querer decir las virtudes del agua bendita. En conclusión, el agua bendita sirve a los papistas de todo aquello que el agua lustral servía a los gentiles.

También las campanas, según sus tradiciones y sueños, tienen grandes virtudes, y principalmente contra las tempestades y contra los espíritus malignos. Pero las campanas para que tengan virtud han de ser bautizadas y ungidas con crisma; y así les ponen nombres de este o del otro santo o santa. Y es de notar que, según ellos, el bautismo de las campanas es mucho más excelente que el de las criaturas, porque cualquier preste y cualquier hombre y aun las mujeres, las parteras, entre ellos pueden bautizar las criaturas; pero las campanas ninguno, sino solo el obispo. ¿Y qué es hacer burla y escarnio del santo bautismo si esto no lo es? Los libros de nuestros adversarios están llenos de falsos milagros, de fantasmas y de espíritus que se oyeron, y de ánimas de difuntos que hablaron con este o con el otro: unas daban a entender su miserable estado en el infierno, otras decían que padecían gravísimos tormentos en el purgatorio; pero que serían libres de aquellas penas y así irían al cielo, si les mandasen decir tantas misas, si cumpliesen por ellas una tal cosa, o un tal y tal voto que ellas habían prometido y no cumplido. Las más de estas visiones eran invenciones de los eclesiásticos que, para henchir la panza, para tener muy bien de comer y mejor vino que beber, decían, que el ánima de fulano les había aparecido y dicho esto o lo otro. Era tanta la superstición del pueblo, que había beatas que se ofrecían a deciros, donde estaba el ánima de vuestro padre, madre, marido o mujer, o de cualquiera otra persona que quisieseis, con hacer tales y tales cosas y con decir ciertas devociones, como eran los siete salmos de la penitencia, la oración de la emparedada, la del conde, la del justo juez o la de Santa Brígida y otras tales supersticiones; pero era menester darles tanta cera y la gallina cresti-bermeja y otras cosas. Otras apariciones había que eran ilusiones del demonio para engañar al pobre simple vulgo, haciéndoles creer que la misa, las romerías y otras semejantes cosas eran muy santas y muy buenas; y que por ser tales ayudaban muy mucho a las ánimas del purgatorio. Todo lo cual era justo juicio y castigo de Dios, que los dejaba ser engañados del demonio, pues no creían a la palabra de Dios que está escrita en la sagrada Escritura.

Contaré aquí un cuento, del cual muchos hacen mención. Un cierto sacerdote tomó muchos escarabajos, y les puso unas candelillas ardiendo, y les dejó ir por el cementerio; estos, como anduviesen de noche entre las sepulturas, causaban un gran espanto en los ignorantes, que los vieron y no sabían el ardid del clérigo. Y así todo el pueblo, pensando que eran ánimas de purgatorio, estaba atónito y asombrado. El bueno del clérigo se sube otro día al púlpito, y predícales que aquellas ánimas venían a demandar socorro y ayuda a los vivos, rogándoles que les mandasen decir tantas misas, las cuales dichas, saldrían de las penas en que estaban. Pero la bellaquería y burla que de la religión hizo el clérigo, se descubrió, porque se hallaron entre la basura del cementerio algunos de los escarabajos con sus candelillas muertas, los cuales el clérigo no pudo recoger.

Nótese lo que a este propósito de falsos milagros dijimos en el *Tratado de la misa*,[4] pág. 388,

---

4. Esto podría haber sido una referencia a los *Dos Tratados del Papa y de la Misa* de Valera, o a una obra que ahora se ha perdido para nosotros; no está claro, pero es más probable que sea la primera opción.

y en las siguientes del ánima de Trajano y de la de Falconilla, que salieron, como ellos creen, del infierno, y se fueron al cielo; esta, por las oraciones de la primera mártir, y el otro por las de San Gregorio; ítem lo que dijimos de la calavera que descubría a Macario lo que pasaba en el purgatorio. No puedo dejar aquí de contar lo que, habrá cuarenta años o poco más, aconteció en Sevilla. Los curas de *omnium Sanctorum* (que es una de las colaciones de Sevilla) un día, estando en conversación, se quejaban que venían pocas misas. El sacristán, que los oyó, que también perdía su parte, les dijo, que él sabía un muy buen medio para hacer que viniesen. Preguntado el cómo, dijo que lo dejasen a él hacer. Juntó pues todos los huesos de finados que estaban por el cementerio, e hizo a uno predicar la diligencia que se había puesto en recoger los huesos para enterrarlos; y pues que se habían de enterrar, sería muy bien hecho que se dijesen algunas misas por ellos; y ¿quién las había de mandar decir y hacerles tanto bien, sino los vecinos de aquella colación, que eran parientes y amigos de aquellos difuntos? Supo el echacuervos pintar tan bien el negocio y persuadir de tal manera al pueblo, que llovieron misas, y así se les hizo un solemne entierro.

Lo que debemos creer tocante a estos fantasmas y espíritus, que dicen que aparecen, es que no son ánimas de difuntos, sino o ilusiones del demonio para más engañar al vulgo ignorante, o invenciones de eclesiásticos para sacar dinero, de las bolsas de aquellos que piensan que todo cuanto los eclesiásticos les dicen, es verdad. En toda la sagrada Escritura no hay testimonio ni ejemplo, que las ánimas de los difuntos aparezcan a los vivos; por tanto, no se debe creer, que el ánima de Samuel haya aparecido a Saul, sino que la pitonisa, por arte del demonio, hizo que algún demonio se mostrase en la figura y forma de Samuel para acabar de engañar a Saul, ya reprobado de Dios. Además de esto, el expreso mandamiento, que veda consultar a los tales, espíritus, declara evidentemente estas apariciones ser puras ilusiones del demonio. Deut. 18:10 dice Dios: No sea hallado en ti adivinador de adivinaciones, ni agorero, ni sortílego, ni hechicero, ni encantador de encantamentos, ni quien pregunte a Pitón, ni mágico, ni quien pregunte a los muertos, porque es abominación a Jehová cualquiera que hace estas cosas etc.

Y en la parábola que el Señor cuenta, Luc. 16, confirma lo que decimos. Cuando el rico avariento rogó a Abraham que enviase a Lázaro a casa de su padre; porque tengo, dice, cinco hermanos para que les proteste, porque no vengan ellos también a este lugar de tormento, ¿qué le responde Abraham? A Moisés y a los profetas tienen: óiganlos. El rico respondió: No, padre Abraham; más si alguno fuere a ellos de los muertos, se enmendarán. Mas Abraham le dijo: Si no oyen a Moisés y a los profetas, tampoco se persuadirán, si alguno se levantare de los muertos. El gran Atanasio pregunta, si es posible saber la causa, porque Dios no permite que el ánima de ningún difunto aparezca en este mundo. Él mismo se responde, diciendo, que esto sería causa de muchos errores y engaños, porque el demonio no quería mejor ocasión para transformarse y tomar la figura de este o del otro hombre, y diciendo que venía del otro mundo, contaría muchas mentiras con que engañase a muchos. Crisóstomo, sobre el cap. 8º de San Mateo, dice, que no es posible que el ánima de algún difunto vuelva a este mundo ni aparezca a persona alguna. Lo mismo dice en su segunda homilía de Lázaro. En cuanto a lo del ánima de Trajano y de Falconilla, son sueños. Por fe tenemos que en el infierno no hay redención, y que el que una vez por justo e irrevocable juicio de Dios entrare en él, jamás saldrá de él. La razón es, porque en el infierno no hay arrepentimiento de pecados con confianza en la misericordia de Dios por Cristo. Y donde no hay esto, no hay perdón de pecados. En cuanto a sus fingidos milagros, bien fresca tenemos la memoria de la monja santa de Lisboa, que en 6 de diciembre fue condenada, año 1588. Esta fue otra Magdalena de la Cruz. Y esto es de notar, que donde quiera que la reformación del Evangelio se ha comenzado a predicar en nuestros tiempos, todos estos falsos milagros e ilusiones del demonio han cesado. Ve el diablo que lo entienden, y que por eso no ganara nada, y así cesa de molestar por esa vía; pero como artero y zorra vieja que es, inventa otras: tal es el odio que al género humano tiene.

Baste lo dicho de las tradiciones, apariciones y desvaríos, forjados de su cabeza, con que nuestros adversarios quieren y se piensan servir a Dios. La verdadera religión cristiana no tiene cuenta con tales locuras. Sabe que, en el culto y manera de honrar a Dios, ninguna cosa agrada a Dios sino solamente aquello que El por su boca ha mandado, que es lo que sus santos profetas y apóstoles han registrado en el libro que llamamos la sagrada Escritura. Y así muchas veces dice Dios, hablando con su pueblo: haz lo que yo te mando; y los profetas para confirmar y echar el sello a lo que han dicho, concluyen diciendo: Dios lo ha dicho. Sabe, que no hay otra ninguna remisión de pecados, sino sola la sangre de Cristo, de la cual somos participantes por fe. Sabe que el sacramento del bautismo no se debe profanar y que Cristo no mandó bautizar campanas ni navíos, (que también à estos bautizan), sino solamente criaturas, hijos de padres fieles, los cuales son hijos de la promesa que Dios hizo a Abraham, diciéndole: «Yo seré tu Dios y de tu simiente después de ti.» Sabe, que Dios solo ha de ser invocado, no con supersticiones, falsos milagros, fingidas apariciones, ilusiones del demonio, ni con idolatrías, sino en espíritu y en verdad: y no en este lugar o en el otro, sino en todo lugar. Porque ya no es Dios de una sola nación, sino de todo el mundo, y de toda su iglesia que se llama católica o universal, a causa de que no está en un lugar sino derramada por todo el mundo. Y como los hijos de este siglo sean más prudentes que los hijos de la luz en su género, el antecristo ha hallado un maravilloso medio para mantener su reino y entretener los suyos en sus ignorancias, supersticiones é idolatrías. Entreteniéndolos con sueños, fingidas apariciones, falsos milagros y con la autoridad del papa, del cual creen (pero sin ninguna palabra de Dios,) que no puede errar.

1.2 Una exhortación a leer las Escrituras

En cuanto al papa, los papas de muchos años a esta parte, son avarientos, ambiciosos, revoltosos, lujuriosos, sucios en vida y en doctrina; son hombres de pecado e hijos de perdición; antecristos, por decirlo todo en una palabra, como suficientemente está probado en el libro de la autoridad del papa que Dios tomó por instrumento para que conocieseis los abusos y supersticiones del papado y así fueseis de veras cristianos. Y para que su falsa doctrina no se conozca ser falsa, el papa prohíbe que el pueblo no oiga, ni vea, ni por imaginación lea ni medite la sagrada Escritura, la cual es el único medio que Dios por su gran misericordia ha dejado en el mundo para saber, entender y conocer, cual sea la verdadera religión y cual sea la falsa, cual sea el culto y manera de honrarle que El mande y con quien tome contento, y cual sea el que vede y deteste. Esta es la única causa de todas las herejías, errores, ignorancias, supersticiones é idolatrías, que hay en el papado, el ignorar, el no leer, el no meditar la Escritura. Por eso dice el Señor (Mar.22:29): «Erráis, porque no sabéis las Escrituras,» y según dice S. Juan 5:39, de su Evangelio: escudriñad (dijo Cristo) las Escrituras etc., y luego dice: ellas son las que dan testimonio de mí. Como si dijera: queréis conocer a Dios y a su Cristo, leed las Escrituras, porque al que no las leyere, ni conocerá al Padre ni al Hijo. Cuando cierta persona preguntó al Señor como poseería la vida eterna, Cristo le envió a lo que decía la ley: ¿Qué esta, dice, escrito en la ley? ¿cómo lees? David, Salmo 1, hablando del hombre pio, dice, que su voluntad es en la ley de Jehová y que en su ley pensara de día y de noche.

Pero dejados aparte muy muchos lugares en que Dios manda leer la Escritura a todos en general y cada uno en particular, aquel grande y admirable Salmo 119, que cada día cantan o rezan los eclesiásticos papistas, y que tan pocos de ellos lo entienden, contiene las alabanzas de la ley de Dios y de su palabra; y con gran vehemencia y encarecimiento encomienda al cristiano, al pio, al que desea y procura servir a Dios la lección y meditación de la palabra de Dios, cuya lección y meditación con invocación del Espíritu del Señor, que alumbre nuestros entendimientos para que entendamos y saquemos fruto de la lección de la Escritura, es necesaria así a chicos como a grandes, así a ricos como a pobres, así a doctos como a indoctos. Y así dice: «Lampara es para mis pies tu palabra, y lumbre para mis sendas.» Y al principio había preguntado David, con qué limpiaría el mozo su camino, quiere decir, cómo viviría el mancebo en limpieza; responde: «cuando guardare tu palabra.» Les pregunto yo ahora: ¿cómo guardara, o el viejo o el mozo la palabra de Dios, o cómo le será lumbre en sus caminos, cuando no la conoce ni sabe qué cosa sea, cuando no la lee, ni la medita, ni invoca al Señor que le alumbre su entendimiento para entenderla? Y si esta disputa de leer la Escritura se hubiese de liquidar por lo que dicen los doctores y concilios antiguos (no los modernos en que ha presidido el antecristo de Roma) fácilmente confirmaríamos lo que decimos, porque no hay ninguno de ellos que no exhorte a leer y oír la sagrada Escritura.

Pero entre todos ellos S. Juan Crisóstomo admirablemente exhorta en muy muchos lugares a todo género y suerte así de hombres como de mujeres, chicos y grandes, ricos y pobres etc., a leer la Escritura; y el mismo responde a todas las objeciones que nuestros adversarios el día de hoy hacen contra la lección de la Escritura. Pero de todos ellos es admirable el sermón tercero que hizo de Lázaro. Dice, pues, al principio de este sermón: Yo tengo por costumbre de deciros muchos días antes la materia de que tengo de tratar para que vosotros en el entretanto toméis vuestro libro, y advirtiendo toda la suma de lo que se puede tratar, después que hubiereis entendido lo que se ha dicho, os aparejéis para oír lo que resta. Y esto siempre exhorto y nunca cesaré de exhortarlo, que no solamente aquí (quiere decir en la iglesia) advirtáis lo que se os dice, más aún, cuando estuviereis en casa os ejercitéis continuamente en la lección de la sagrada Escritura. Y luego responde a las objeciones, diciendo: y no me diga nadie, yo harto tengo que entender en los negocios de la república, yo soy magistrado; yo soy oficial que vivo del trabajo de mis manos, yo soy casado, tengo mujer, hijos y familia que proveer; yo soy hombre del mundo, y por eso no me conviene a mí leer la Escritura, sino a aquellos que han dejado al mundo y se han ido al yermo. A los cuales responde: ¿Qué dices, oh hombre? ¿No te conviene a ti revolver las Escrituras porque andas distraído con muchos cuidados? Antes te digo que es más tu deber que no de los otros etc. Y da la razón, dice, que aquellos no tienen tanta necesidad de leer la Escritura, como los que están a manera de decir en mitad de la mar traídos de acá para allá con las ondas. Los tales, dice, tienen siempre necesidad de un continuo conforto de la Escritura. Aquellos se están asentados lejos de la batalla y por eso no reciben muchas heridas.

Pero tú, porque continuamente estas en la batalla, porque muchas veces eres herido, por eso tienes más necesidad de remedios como aquel a quien la mujer provoca, el hijo le contrista y mueve a ira, el enemigo le acecha, el amigo le tiene envidia. Y así va discurriendo y concluye diciendo: por lo cual es menester sin cesar tomar armas de la Escritura. Y un poco más abajo: y no puede ser ahora, no puede ser, digo, que alguno se salve, si continuamente no se ejercita en la lección espiritual etc. Y luego: ¿No ves tú, que los herreros, plateros y todos cuantos se ocupan en algún arte mecánica, tienen toda la herramienta y todos los instrumentos de su arte aparejados y puestos en orden? Aunque sean muy pobres y que el hambre los aqueje, con todo esto más aina sufrirán el hambre que vender alguno de los instrumentos de su arte para comer etc.

Ítem: ciertamente nosotros debemos tener el mismo animo que ellos. Y como los instrumentos de su arte son el martillo, el yunque, las tenazas, así de la misma manera los instrumentos de nuestra arte son los libros de los apóstoles y de los profetas y toda la Escritura divinamente inspirada y provechosa etc.

Ítem, así que no seamos negligentes en procurar haber estos libros por no ser heridos de herida mortal.

Ítem, la misma vista de los libros causa que no seamos tan prontos a pecar. Si habremos cometido alguna cosa, que nos es prohibida, en volviendo a casa y mirando los libros nuestra conciencia con mayor vehemencia nos condena etc. Otra objeción que pone, es la que algunos de nuestros tiempos hacen. ¿Qué será, dicen, sino entendemos lo contenido en los libros? Responde Crisóstomo: Aunque no entendáis los secretos de la Escritura, pero con todo esto, la misma lección de la Escritura causa en nosotros una cierta santidad; aunque no puede ser, que todo cuanto leéis ignoréis.

Porque la gracia del Espíritu por eso dispensó y modificó todo lo que está en la Escritura para que los publicanos, pescadores, artífices, pastores, apóstoles, idiotas é indoctos fuesen salvos por medio de estos libros, para que ningún idiota se valiese de esta escusa diciendo, que la Escritura es oscura; para que lo que en ella se dice, todos lo pudiesen fácilmente ver y para que el artífice, el criado, la viuda y el más ignorante de todos los hombres sacase alguna ganancia y provecho de haber oído leer la Escritura etc.

Ítem, los apóstoles y los profetas manifiesto y claro propusieron a todos los que dijeron como comunes doctores del mundo para que cada uno por sí pueda aprender lo que se dice de sola la lección. Y esto pronunciándolo antes el profeta, dijo: todos serán enseñados de Dios y ninguno dirá a su prójimo: ¡conoce a Dios! Porque todos me conocerán desde el más pequeño hasta el mayor etc. Esto dijo Isaías, cap. 54, v. 13, Jeremías 31:34, y Juan 6:45.

Ítem dice Crisóstomo: Además de esto ¿las señales, los milagros e historias no son cosas manifiestas y claras, que todos las entienden?

Así que, pretexto, excusa y cobertura es de pereza lo que dicen, que no se entiende lo que está en la Escritura. ¿Cómo en algún tiempo podrás entender lo que ni aun de pasada no quieres mirar? Toma el libro en tus manos, lee toda la historia y lo que es claro retiéntelo en tu memoria; y lo que es oscuro y no muy claro léelo muchas veces; y si con la continua lección aun no lo pudieres entender, vete a algún sabio, a algún docto hombre, comunica con ellos lo que has leído etc.

Ítem: grande arma es contra el pecado la lección de la Escritura; gran precipicio y profundo piélago el ignorar la Escritura: gran pérdida es de la salvación no saber nada de lo contenido en las leyes divinas: la ignorancia de las escrituras es causa de las herejías; esta ignorancia hace que los hombres vivan tan mal, esta de alto a bajo lo revuelve todo porque no puede ser, no puede, digo, ser, que el que continua y atentamente leyere la Escritura, quede sin provecho etc. Todo esto y mucho más, dice San Crisóstomo en el dicho sermón: lo cual lo más que he podido he abreviado.

De lo cual claramente vemos, cuan impíamente haya el papa prohibido al pueblo cristiano el leer la palabra de Dios; en lo cual hace contra el expreso mandamiento de Dios y contra lo que los profetas, Cristo y sus apóstoles y doctores antiguos enseñaron, y por cuya lección los santos mártires de Jesucristo padecieron martirio. Expreso mandamiento es de Dios, Deut. 17:18, en que manda al rey que se haga escribir en un libro la ley de Dios y que tenga este libro y lea en él todos los días de su vida. Y luego dice, para que le servirá la lección de esta Escritura: para que aprenda a temer a Jehová su Dios, para guardar todas las palabras de esta ley y estos estatutos para hacerlos etc.

Y así conforme a este decreto el buen emperador Teodosio II, descendiente de casta de españoles, él con su propia mano escribió todo el Nuevo Testamento, y tenía por costumbre leer cada día por la mañana en él, a la cual lección la emperatriz, su mujer, llamada Eudoxia, mujer bien ejercitada en la Escritura y las hermanas del emperador se hallaban presentes. De Alfredo, rey de Inglaterra, se lee, que repartía las veinte y cuatro horas que hay en el día y en la noche en tres partes: las ocho pasaba leyendo, orando, meditando; otras ocho gastaba en la administración de su reino, y las otras ocho cumpliendo con las necesidades de su cuerpo. Del emperador Carlo Magno se lee, que era muy dado a la lección de la sagrada Escritura. El rey de España Receswinto o Rocinsunto, que murió en el año 672, entre otras virtudes que se cuentan de él, tuvo una sed insaciable de saber los secretos misterios de la sagrada Escritura y así jamás estaba ni comía sin tener consigo grandes teólogos, a quienes ordinariamente preguntaba cosas muy profundas y necesarias para su salvación. De lo cual hace mención el Doctor Illescas en su pontifical en Juan VII.

También el mismo autor hablando de Gregorio V dice que Roberto, rey de Francia, entre otras virtudes fue muy docto a maravilla en las letras sagradas y en las humanas. El mismo autor dice, que don Alonso I, que llamaron Católico, recogía con diligencia los libros de la sagrada Escritura, que andaban en poder de los infieles. Nuestro buen rey Recaredo, por ser tan bien ejercitado en la lección de la Escritura, él mismo con su sabio razonamiento convenció muchos prestes arrianos, y así más con razón que con autoridad de rey los hizo convertir a la verdadera religión cristiana. Pluguiese a Dios que los reyes del día de hoy imitasen a estos santos reyes leyendo la sagrada Escritura, meditándola y orando; y no tuviesen cuenta con lo que el papa los prohíbe, que no lean la Escritura, sino con lo que Dios les manda que la lean. Vea, pues, el papa la cuenta que dará a Dios por haber engañado al mundo. No se espante, pues, si por esto y por otras cosas semejantes lo llamemos antecristo, pues lo es.

En declarar este abuso algo he sido largo; pero se me perdonara por ser tan necesario que mis españoles lo sepan y entiendan. El Señor les dé su gracia para que se aprovechen de lo que su compatriota con deseo de avisarles en el principal punto de su salvación les ha dicho. Consideren siquiera si digo verdad, si la Escritura dice lo que les he dicho, si los padres y principalmente S. Juan Crisóstomo en el lugar alegado, dice lo que de él ha alegado. Infinitas gracias pues, hermanos míos, debéis dar a Dios que en vuestra cautividad corporal os ha dado la verdadera libertad que es la del espíritu. Teníais una fe confusa, muerta e histórica, no sabíais lo que creíais: ahora Dios os ha dado por medio de haber oído su palabra una fe clara y viva: creéis con una cierta confianza de la misericordia divina que, por la sangre de Jesucristo, y no por otro medio ninguno (que no lo hay) sois justificados delante del acatamiento del Padre, y que como tales debéis obrar buenas obras y huir de las malas. Sedle, pues, gratos. Su Majestad lleve adelante la buena obra que en vosotros ha comenzado. No basta bien comenzar, es menester perseverar. Y el que perseverare hasta el fin, este será salvo. No os prometáis en este mundo grandes riquezas por ser de veras cristianos; nuestras riquezas en el cielo están, allí no tendréis miseria, no hambre ni aflicción, no cautiverio, no bofetón ni repelón, no palos ni azotes, todo esto será ya pasado, y bienaventurado el que lo hubiera padecido con paciencia por el nombre del Señor; su salario será muy grande. El Señor os haga la gracia para que seáis constantes en la confesión de su nombre. Leed la sagrada Escritura, y si no podéis leer, oíd cuando otros la leen o tratan de ella; meditad y rumiad lo que habéis leído u oído; invocad al Señor que os enseñe con su Espíritu, porque todas nuestras diligencias no valen nada si Su Majestad no las bendice.

Lo que resta es consolaros y daros algún orden para saberos gobernar en la empresa que habéis tomado en manos. Muchos lugares hay en la Escritura que sirven a este propósito; pero la primera epístola de San Pedro me pareció muy propia para esto. Por tanto, os aconsejo que la leáis; y si no tenéis libro, yo haré aquí un sumario de los principales puntos en ella contenidos que hacen a vuestro propósito. S. Pedro escribió esta epístola a los fieles que del judaísmo se habían convertido a Cristo, los cuales andaban desterrados de su tierra que Dios les había dado y estaban derramados por diversas partes del mundo. Siendo, pues, S. Pedro apóstol de los judíos como S. Pablo lo era de los gentiles, escríbeles esta carta para consolarlos en sus aflicciones, en sus necesidades, en su hambre y desnudez, en su destierro y cautiverio. Exhórtalos a tener paciencia, pues este es el camino real por donde Dios lleva a sus hijos y por donde llevó a Cristo, del cual dice que fue afligido por nosotros, dejándonos ejemplo para que vosotros sigáis sus pisadas. Confírmalos en la fe en Cristo, que habían recibido etc.

Comienza su epístola hablando no solamente con los judíos convertidos de aquel tiempo, sino aun con vosotros cristianos convertidos al verdadero cristianismo. Dice pues: Pedro, apóstol de

Jesucristo a los extranjeros que están esparcidos en Ponto etc.; *a los extranjeros que están cautivos en tierra de Moros*, elegidos según la presciencia de Dios Padre, en santificación del Espíritu para obedecer y ser rociados con la sangre de Jesucristo; *este es el verdadero aspergis que no el del agua que llaman bendita*; gracia y paz os sea multiplicada. Alabado sea el Dios y Padre de nuestro Señor Jesucristo, que según su gran misericordia nos ha regenerado en esperanza viva por la resurrección de Jesucristo de los muertos para la herencia incorruptible y que no puede contaminarse ni marchitarse, conservada en los cielos para vosotros que sois guardados en la virtud de Dios por fe para alcanzar la salud que esta aparejada para ser manifestada en el postrimero tiempo. En lo cual vosotros os alegráis, estando al presente un poco de tiempo afligidos en diversas tentaciones, si es necesario, para que la prueba de vuestra fe mucho más preciosa que el oro etc., sea hallada en alabanza, gloria y honra, cuando Jesucristo fuere manifestado, al cual no habiendo visto lo amáis; en el cual, creyendo, aunque al presente no lo veáis, os alegráis con gozo inefable y glorificado ganando el fin de vuestra fe que es la salud de vuestras ánimas etc.

Ítem: por lo cual, teniendo los lomos de vuestro entendimiento ceñidos con templanza, esperad perfectamente en la gracia que os es presentada cuando Jesucristo os es manifestado; como hijos obedientes, no conformándoos con los deseos que antes teníais estando en vuestra ignorancia *papística*. Mas como aquel que os ha llamado, es santo, semejantemente también vosotros sed santos en toda conversación etc.

Ítem: Rescatados sois de vuestra vana conversación, la cual recibisteis de vuestros padres, no con cosas corruptibles como oro, plata, mas con la sangre preciosa de Cristo etc.

Ítem: Habiendo purificado vuestras ánimas en la obediencia de la verdad por el espíritu, en caridad hermanable sin fingimiento, amaos unos a otros entrañablemente de corazón puro, siendo renacidos, no de simiente corruptible, sino de incorruptible por la palabra de Dios viviente. *Esta palabra os quitaba el papa, y así no podíais renacer en Cristo*, la cual palabra (a pesar del antecristo), permanece para siempre; y esta es la palabra que por el Evangelio os ha sido *ahora en vuestro destierro y cautiverio* anunciada etc.

Ítem: Vosotros, como piedras vivas sed edificados una casa espiritual y un sacerdocio santo para ofrecer sacrificios espirituales, agradables a Jesucristo etc.

Ítem: Para que anunciéis las virtudes de aquel que os ha llamado de las tinieblas (*en que estabais todo el tiempo de vuestra ignorancia, antes que fueseis llamados al verdadero conocimiento de Cristo*) a su luz admirable (que es el verdadero conocimiento de Cristo, y como debemos servir al Padre, no según los mandamientos y tradiciones de los hombres, más según lo que Su Majestad ha mandado en su santa Escritura, a la cual hacéis bien en leerla y oírla.) Vosotros, que en tiempos pasados no erais pueblo, mas ahora sois pueblo de Dios, que en el tiempo pasado no habíais alcanzado misericordia, mas ahora habéis ya alcanzado misericordia.

Amados, yo os ruego como extranjeros y caminantes, absteneos de los deseos carnales que batallan contra el ánima, Y tened vuestra conversación honesta entre los gentiles, *entre moros, judíos y falsos cristianos, en medio de los cuales habitáis,* para que en lo que ellos murmuran de vosotros como de malhechores *y herejes, por haber de veras conocido a Cristo*, glorifiquen a Dios en el día de la visitación, estimándoos por las buenas obras. Sed pues sujetos a toda ordenación humana por Dios, ahora sea rey como a superior, ahora a los gobernadores como de Él enviados para venganza de los malhechores, y para loor de los que hacen bien. Porque esta es la voluntad de Dios, que haciendo bien hagáis callar la ignorancia de los hombres vanos etc.

Ítem: Vosotros siervos, *vosotros cautivos en tierra de moros*, sed sujetos con todo temor a vuestros señores, no solamente a los buenos y humanos, más aún también a los rigurosos. Porque esto es agradable, si alguno a causa de la conciencia *que tiene* delante de Dios, sufre molestias padeciendo injustamente. Porque ¿qué gloria es, si pecando vosotros sois abofeteados, *apaleados, azotados, echados en mazmorras, donde padecéis mucha hambre y miseria* y lo sufrís? Mas si haciendo bien *y confesando a Jesucristo, vuestro Redentor*, sois afligidos y lo sufrís, esto es cierto agradable delante de Dios. Porque para esto sois llamados, *pues que Cristo fue afligido por nosotros, no será gran cosa que nosotros seamos también afligidos por Él*, porque Cristo fue afligido, dejándonos ejemplo para que vosotros, *pobres cautivos*, sigáis sus pisadas, *padezcáis como Él*, el cual no hizo pecado; *pero ¿quién de nosotros puede con verdad decir: limpio estoy de pecado?* ni fue hallado engaño en su boca. El cual maldiciéndole no tornaba a maldecir, y cuando padecía no amenazaba, sino remitía (la causa) al que juzga justamente etc.

Ítem: Por la herida del cual habéis sido sanos, porque vosotros, *antes que de veras conocieseis a Cristo,* erais como ovejas descarriadas; mas ahora sois ya convertidos al pastor y obispo de vuestras ánimas etc.

Ítem: Sed todos de un consentimiento, de una afección, amándoos hermanablemente, misericordiosos, amigables, no volviendo mal por mal, ni maldición por maldición, sino antes por el contrario bendiciendo, sabiendo que vosotros sois llamados a que poseáis en herencia bendición. Porque el que quiere amar la vida y ver los días buenos, refrene su lengua del mal, y sus labios no hablen engaño; apártese del mal y haga bien, busque la paz y sígala. Porque los ojos del Señor están sobre los justos, y sus orejas *atentas* a sus oraciones. El rostro del Señor esta sobre aquellos que hacen mal. ¿Y quién es aquel que os podrá dañar, si vosotros seguís el bien? Mas también si alguna cosa padecéis por hacer bien, sois bienaventurados. Por tanto, no temáis por el temor de aquellos, y no seáis turbados; pero santificad al Señor Dios en vuestros corazones. Y estad siempre aparejados para responder a cada uno que os demandare razón de la esperanza que está en vosotros *(y de la causa porque habéis dejado al papa)*, y esto con mansedumbre y reverencia, teniendo buena conciencia para que en lo que murmuren de vosotros como de malhechores, sean confundidos los que blasfeman vuestra buena conversación en Cristo. Porque mejor es que seáis afligidos haciendo bien, si la voluntad de Dios así lo quiere, que no haciendo mal. Porque también Cristo padeció una vez por los pecados, el Justo por los injustos, para llevarnos a Dios, mortificado a la verdad en la carne, pero vivificado en espíritu etc.

Ítem: Pues que Cristo ha padecido por nosotros en la carne, vosotros también estad armados del mismo pensamiento, que el que ha padecido en la carne, cesó del pecado, para que ya el tiempo que queda en carne, viva, no a las concupiscencias de los hombres, sino a la voluntad de Dios. Porque nos debe bastar, que el tiempo pasado de nuestra vida hayamos hecho la voluntad de los gentiles *o de los anticristianos de nuestro tiempo,* cuando conversábamos en disoluciones, en concupiscencias, en embriagueces, *en glotonerías, embriaguez, en ignorancias, supersticiones, blasfemias* y en abominables idolatrías, (como son las que cometíais, pensando hacer gran servicio a la Santísima Virgen, haciéndola igual con Dios, que solo es Todopoderoso, que la eligió y crio para que fuese madre, según la carne, de nuestro Redentor Jesucristo.

El *himno que com*ienza: Ave maris stella está lleno de semejantes blasfemias como cuando dice: «Fúndanos en paz, mudando el nombre de Eva, suelta las prisiones a los culpados, da lumbre a los ciegos, alanza nuestros males, demanda todos los bienes. Muéstrate ser *madre,*» quiere decir: *Entienda tu Hijo con quien* lo ha; tú eres su madre. Y un poco más abajo: «Haz que nosotros, libres de culpas, seamos afables y castos. Concede una vida pura, haz el camino seguro.»

Ítem: en el himno que comienza: *quem terra, pontus* etc., al fin están estas palabras: «María, madre de gracia, madre de misericordia, tú nos defiendes del enemigo, y recíbenos en la hora de la muerte.» La oración que comienza: *Salve regina, mater misericordia* etc., está llena de semejantes blasfemias. Oíd la razón por que digo esto: porque la honra y gloria que es propia del Dios eterno y de su Hijo Cristo, como es perdonar pecados, ser padre de gracia y de misericordia, hacer que los ciegos vean etc., su Majestad no la comunica a criatura ninguna, por santísima que sea, como se ve por lo que el mismo Dios dice hablando con el Mesías, nuestro Cristo, Isaías 42:6, (lo cual prueba el Mesías ser verdadero Dios, pues hace lo que solo

Jehová hace.) «Yo, Jehová, te llamé en justicia y por tu mano te tendré, te guardaré, y te pondré por alianza del pueblo, por luz de gentes, para que abras ojos de ciegos, para que saques presos de mazmorras y de casas de prisión a asentados en tinieblas; yo Jehová, este es mi nombre y a otro no daré mi gloria, ni mi alabanza a esculturas.»

La Santísima Virgen, mientras vivió en este mundo, se guardará muy bien de admitir tales adulaciones y locas devociones; pues eran blasfemias contra la majestad del Padre celestial, que la crio, de Cristo, que la redimió, y del Espíritu Santo que la santificó y adornó con tantas virtudes, cuantas convenia que tuviese la que había de ser madre de nuestro Redentor Jesucristo, verdadero Dios y verdadero hombre; y así tampoco las querrá oír ahora. Estos, pues, que piensan hacerle gran servicio con ellas, no le hacen servicio ninguno, sino gran desplacer y deshonor. La verdadera honra con que debemos honrar a la Santísima Virgen y a los demás santos, es seguir sus pisadas, ser sus imitadores, como ellos lo fueron de Cristo. Y así dice S. Pablo hablando con los Corintios, 1 Cor. cap. 11: «Sed imitadores de mí como yo lo soy de Cristo.» (*Pero volvamos a nuestro apóstol S. Pedro.*)

Y esto parece cosa extraña a los que os vituperan, que vosotros no corráis con ellos en el mismo desenfrenamiento de disolución. Los cuales darán cuenta al que esta aparejado para juzgar los vivos y los muertos etc.

Ítem: mas el fin de todas las cosas se acerca. Sed pues templados y velad en oración. Y sobre todo tened entre vosotros ferviente caridad, porque la caridad cubrirá multitud de pecados. (Estas últimas palabras tomó S. Pedro del capítulo 10, v.12 de los proverbios de Salomón, donde está bien claro lo que por ellas quiere decir.) Dice, pues, Salomón: «El odio, despierta las rencillas, mas la caridad cubrirá todas las maldades.» Como si dijera: el hombre que tiene odio a otro, descubre todo cuanto mal sabe de él, y así unos a otros se muerden y comen por vengarse; mas por el contrario, el que tiene caridad, el que ama, encubre, disimula, y hace que no ve las faltas; y aunque sea ofendido setenta veces siete veces, les perdona, conforme a lo que manda el Señor Mat. 18:22. Por tanto nuestros adversarios muy al pospelo traen este paso, como que las limosnas y otros ejercicios de caridad sean recompensa delante de Dios en el perdonar los pecados.

(Prosigue San Pedro:) Si alguno habla, hable conforme a las palabras de Dios etc.

Ítem: carísimos, no os maravilléis, cuando sois examinados por fuego, lo cual se hace para vuestra prueba, como si alguna cosa peregrina os aconteciese, mas antes en que sois participantes de las aflicciones de Cristo gozaos para que también en la revelación de su gloria os gocéis en triunfo. Si sois vituperados en nombre de Cristo, sois bienaventurados, porque la gloria y el Espíritu de Dios reposa sobre vosotros. Cierto, según ellos, él es blasfemado, mas según vosotros es glorificado. Así que no sea ninguno de vosotros afligido como homicida o ladrón o malhechor o codicioso de los bienes ajenos. Pero si alguno es afligido como cristiano, no se avergüence; antes glorifique a Dios en esta parte. Porque también ya es tiempo que el juicio comience de la casa de Dios. Y si primero (comienza) de nosotros, ¿qué fin será el de aquellos que no obedecen al evangelio de Dios? Y si el justo es dificultosamente salvo, ¿a dónde parecerá el pecador é infiel? Y por eso los que son afligidos según la voluntad de Dios, encomiéndenle sus ánimas como a fiel posesor, haciendo bien etc.

Ítem: humillaos, pues, debajo de la poderosa mano de Dios para que Él os ensalce, cuando fuere tiempo; echando toda vuestra solicitud en Él, porque Él tiene cuidado de vosotros. Sed templados y velad; porque vuestro adversario el diablo, anda como león bramando alrededor de vosotros, buscando alguno que trague. Al cual resistid firmes en la fe, sabiendo que las mismas aflicciones han de ser cumplidas en la compañía de vuestros hermanos que están en el mundo. Mas el Dios de toda gracia, que nos ha llamado a su gloria eterna por Jesucristo, después que hubiereis un poco de tiempo padecido, El mismo os perfeccione, confirme, corrobore y establezca etc. *Concluye pues San Pedro su epístola tan necesaria para los pobres cristianos, extranjeros y afligidos de aquel tiempo, y tan necesaria en este tiempo para vosotros pobres cristianos, extranjeros, afligidos y cautivos en Berbería, diciendo:* Paz sea con vosotros, los que estáis en Jesucristo, amen. *Quiere decir, los que creéis con el corazón y confesáis con la boca, Jesucristo ser vuestro Redentor, y que no hay otro medio ninguno por donde vuestros pecados sean perdonados, sino por sola su intercesión, muerte y pasión.*

1.3 La persecución es de esperarse

De una cosa os quiero avisar para que no os escandalicéis ni ofendáis, cuando viereis u oyereis que donde quiera que se predica el Evangelio (que es las buenas nuevas que nos son dadas, que el Padre eterno graciosamente, sin interés ninguno, sino por solo Cristo nos perdona nuestros pecados) y principalmente cuando se comienza a predicar, se levantan tumultos y revueltas; el padre es contra el hijo y el hijo contra el padre; unos lo creen, otros lo blasfeman y se hacen muy peores que antes eran. Así siempre ha sido, así es y así siempre será. En comenzando Dios a edificar su Iglesia, luego Satanás edifica su capilla en ella, la cual muchas veces se alarga tanto, que la Iglesia de Dios es capilla. Cuando Dios al principio plantó su Iglesia en el justo Abel, luego Satanás edificó la suya en el impío Caín, que persigue Abel por ser bueno, justo y santo, y no para hasta que lo mata. Los del tiempo de Noé se hacen burla de lo que les predicaba Noé. Lo mismo hacen los de Sodoma con Lot. Los filisteos persiguen a Abraham, Isaac y Jacob, que eran la Iglesia de Dios. Ismael se hace burla de Isaac, Esaú persigue a su hermano Jacob, Saul a David.

Y viniendo al nuevo Testamento, cuando Cristo predicó su Evangelio en Jerusalén y en otras partes de Judea ¡qué de revueltas hubo! unos decían: bien dice, bien predica, profeta es, el Mesías es; otros decían: engañador es, blasfemo es, revoltoso es, Samaritano (quiere decir: hereje) es, endemoniado esta, en virtud de Belcebú hace sus milagros, toda Jerusalén revuelve; los Escribas,

Fariseos, Doctores de la ley, los Sacerdotes y principalmente los sumos Pontífices no pueden sufrir su doctrina y son los mayores enemigos que Cristo tiene, los cuales con su odio rabioso de tal manera persiguen a Cristo, (porque les descubría sus engaños é hipocresías y daba a entender! el verdadero culto con que Dios quiere ser honrado) que no paran hasta hacerlo morir, y muerte la mas afrentosa que entonces se daba, muerte de cruz; con este género de muerte mataban y sacaban del mundo como indignos de vivir en él a los mayores desuellacaras, a los mayores bellacos, abominables y desesperados. Servía entonces la muerte de cruz de lo mismo que ahora sirve la muerte de fuego. El día de Pentecostés, cuando el Espíritu Santo visiblemente descendió sobre los apóstoles y ellos comenzaron a predicar públicamente el Evangelio de Cristo crucificado ¡qué de revueltas hubo en Jerusalén! Unos se admiran y otros dicen: borrachos están. Aun estando los apóstoles en Jerusalén, se levantó aquella tan reñida cuestión, que tanto mal ha hecho y aun hasta el día de hoy hace en la iglesia de Dios, si la fe en Cristo baste para la salud o si sean menester las obras que manda la ley. Esta cuestión se liquidó en el primer concilio cristiano que se tuvo en Jerusalén, como más abajo veremos. Salidos los apóstoles de Jerusalén, idos a predicar el Evangelio por el mundo, como Cristo se lo había mandado ¿cómo son recibidos? El mundo no puede sufrir su doctrina, persigue y mata a los apóstoles y los demás que profesaban la ley de Cristo. Este odio fue la causa que en la iglesia de Dios hubiese tantos mártires, tantos que morían por la doctrina del Evangelio, por la fe de Jesucristo.

Este mismo odio tienen los Escribas y Fariseos de nuestros tiempos, quiero decir los clérigos y frailes, los sabios del mundo, los obispos, cardenales y principalmente los papas contra la reformación, que así cuanto a la doctrina como cuanto a las costumbres, hombres doctos y píos enviados de Dios para recoger las reliquias de Israel, quiero decir, los fieles, no interesando otra cosa, sino la gloria de Dios y la salud de las ánimas y poniendo su honor y vida en manifestísimo peligro, han predicado, y por la misericordia de Dios aun predican el día de hoy para gran servicio de Dios y salud de las ánimas. Y no han bastado ni podido todas las astucias, estratagemas é invenciones de nuestros adversarios ni todas sus persecuciones, su confiscar los bienes, su afrentar y quitar la honra, su encarcelar, su azotar, su desterrar, su echar a galeras, matar y quemar, a apagar y deshacer este fuego, esta doctrina evangélica que el Espíritu Santo ha encendido y quiere que arda, que se propague y cunda por todo el mundo antes de la segunda venida del Señor; como vemos que ha cundido por toda la Cristiandad y aun dentro de España, que es la nación que más se opone a esta reformación, ha entrado y no como quiera sino entre nobles, gente de lustre e ilustre, doctos y píos. Me remito a tantos autos como a este propósito se han hecho en España.

Y esto es de notar, en lo cual Dios muestra su potencia, que mientras más nuestros adversarios persiguen y queman, más y más crece el número de los fieles; porque la sangre de los mártires es la simiente (como dice y muy bien Tertuliano) del Evangelio. Los fieles son como el grano de trigo, el cual para que fructifique, para que de uno salgan o treinta o sesenta o ciento es menester que muera. Estos predicadores de reformación, imitando a Cristo, a los profetas y apóstoles condenan el fausto, soberbia, avaricia y ambición de los eclesiásticos, su mala vida y peor doctrina; quieren y procuran, que todo esto se reforme conforme a lo que Dios manda en la sagrada Escritura, que los profetas, Cristo y sus apóstoles predicaron y que la primitiva iglesia guardó; porque lo primero (como dice S. Cypriano) es lo verdadero. Y eso valdrá.

Cuando S. Pablo quiso corregir los abusos que habían entrado en la Iglesia de Corinto, en cuanto al Santísimo Sacramento de la cena del Señor, el mejor remedio que halló, fue reducir la cena que los Corintios celebraban, a su primera institución, para que no le añadiesen ni quitasen, sino que la celebrasen ni más ni menos que Jesucristo, su instituidor, la celebró. Y así les dice, 1 Cor. cap. 11:23: «Yo recibí del Señor lo que también os he enseñado etc.» Esto mismo hacen ahora estos, que procuran la reformación, quieren quitar los abusos, que se han introducido en la celebración del bautismo y de la cena del Señor, en la doctrina de la justificación y de la invocación y en lo demás, y que se celebren estos sacramentos como Cristo los celebró. Y, en una palabra, quieren que todo vaya reglado por la palabra de Dios. En negocios de religión, en que les va la salud de las ánimas, no quieren regirse por sueños ni por invenciones ni por tradiciones de hombres, sino por la sagrada Escritura.

Veis aquí, hermanos míos, la causa, porque en comenzando a predicar palabra de Dios, el mundo no la puede sufrir y no pudiéndola sufrir se arma contra ella. Pero el cristiano no querrá tener paz con el mundo haciendo lo que el mundo hace, que es perseguir a Cristo, a su doctrina y a los que la siguen; antes le hará la guerra, aunque sea un hombrecillo de no nada en cuanto al mundo, confiado en aquel que dijo: «¡Confiad, yo vencí al mundo!» De esta guerra avisó el Señor a sus discípulos Mat. 10:34: «No penséis, les dice, que he venido para meter paz en la tierra; no he venido para meter paz, sino cuchillo. Porque he venido para hacer disensión del hombre contra su padre y de la hija contra su madre» etc. El Santo Simeón, cuando tomó al niño Jesús en sus brazos, dijo (como lo cuenta San Lucas, cap. 2, v. 34 de su Evangelio) a su madre María: «he aquí, que este es dado para caída y para levantamiento de muchos en Israel y para señal a quien será contradicho.» Isaías cap. 8:14, hablando de Cristo dice lo mismo. S. Pablo, Rom. 9:33, alegando el dicho lugar de Isaías dice: «he aquí, pongo en Sion piedra de tropezón y piedra de caída; y todo aquel que creyere en ella, no será avergonzado.» De la misma manera habla S. Pedro de esta piedra 1 Ped. 2:6. Esta piedra es Cristo, sobre el cual Pedro y todos los demás apóstoles y toda la Iglesia católica, y cada miembro de ella en particular están fundados. No os ofendáis pues, hermanos míos, ni os sea ocasión para volveros atrás, las disensiones que oiréis y veréis a causa del Evangelio. El Señor nos ha avisado de ello. Sabed, que esta es una de las certísimas marcas y señales, que consigo trae el Evangelio; en siendo predicado y anunciado divide la luz de las tinieblas, muestra cual sea la verdadera doctrina y cual la falsa, muestra cual sea el culto y servicio que Dios mande y cual el que vede, cuales sean las obras que le agraden y cuales las que le desagraden.

El Señor os haga gracia, que vencida esta tentación la cual en los principiantes es grande, y hace volver atrás a algunos, paséis adelante en la confesión de su nombre y digáis como dijo S. Pedro en nombre de toda la iglesia, cuando el Señor preguntó a sus doce apóstoles, si se querían ellos también volver atrás, si se querían ir de él, como algunos de los discípulos lo habían hecho: Señor, responde Pedro ¿a quién iremos? tienes palabras de vida eterna. Y nosotros creemos y conocemos que tú eres Cristo, Hijo de Dios viviente. Juan 6:68, 69. Esta guerra que consigo trae el Evangelio, propiamente hablando no la causa el Evangelio, pues es Evangelio de paz y así lo llama S. Pablo, y el Dios, cuyo es el evangelio, es autor de paz, sus pensamientos son de paz y no de disensión ni de guerra. La malicia y el odio que los hombres mundanos sin Espíritu de Dios tienen al Evangelio y a la pura y sana doctrina es la causa de esta guerra. Si los hombres oyendo la sana doctrina la creyesen, no habría guerra ninguna, sino gran paz y quietud. Dios nos haga la gracia que obedezcamos al Evangelio para que tengamos paz; no la que el mundo da, sino la que Cristo tanto encomendó a sus discípulos. Esta paz ninguno la tiene sino solamente el que fuere justificado por fe. No hay hombre en el mundo tan pacífico como el verdadero cristiano, con el Espíritu de Dios regenerado. Este tal cuando se trata de sí en particular y no de la gloria de Dios, tiene gran paciencia, sufre y soporta mucho a trueque de no quebrar la paz.

Haciendo pues vosotros la profesión que hacéis de cristianos reformados, necesariamente habéis de tener mientras viviereis en esta tierra de Berbería combates con tres maneras de gentes, con anticristianos, con judíos y con Moros, y principalmente con el diablo que os tentara con diversas suertes de tentaciones. Es pues menester armaros y estar apercibidos contra sus asaltos. Las armas no son carnales ni terrenas sino espirituales, cuales las describe S. Pablo (cómo buen guerrero, que siempre andaba armado con ellas y las había muy bien experimentado y probado.) Hablando con los Efesios les dice: «Vestíos de toda la armadura de Dios para que podáis estar contra las asechanzas del diablo.» Entre otras piezas, con que el apóstol arma al cristiano, nombrados muy principales, la una es el escudo, que dice ser la fe en el cual podréis apagar todos los dardos de fuego del maligno; la otra es la espada, que dice ser la palabra de Dios; la cual, como dice el apóstol (Hebreos 4:12), es viva y eficaz y mas penetrante que todo cuchillo de dos filos y que alcanza hasta partir el alma, y aun el espíritu, y las coyunturas y tuétanos, y que discierne los pensamientos y las intenciones del corazón. Por bien tonto y loco tendríamos al soldado que entrase en la batalla y quisiese pelear con mortales poderosos y desesperados enemigos, y no llevase armas con que defenderse ni con que ofender al enemigo.

Tal es el cristiano, que siendo su vida una continua batalla espiritual, no se arma con armas espirituales con fe y con palabra de Dios. La fe para que sea viva y aproveche, ha de ser fundada sobre la palabra de Dios. La palabra de Dios, para que sea eficaz y obre salvación, es menester que sea creída. De lo cual vemos cuanto mal haya hecho el antecristo en la iglesia de Dios desarmando al pueblo de la principal pieza de sus armas, que es la palabra de Dios, la cual bajo graves entredichos y penas no le deja leer. ¿Cómo peleara sin espada con el enemigo? Después de haber el apóstol armado al cristiano con todas sus armas, le manda, que sea continuo en la oración, que invoque a Dios que le asista para que sus enemigos no prevalezcan contra él, mas sean deshechos y destruidos. La oración del justo (como dice Santiago cap. 5, v. 16) mucho vale: lo cual confirma con el ejemplo de Elías.

1.4 Sobre la vida y práctica cristiana

La lección de la Escritura y la oración son dos ejercicios muy principales del cristiano. Cuando oramos hablamos con Dios, y cuando leemos la palabra de Dios, Dios habla con nosotros. Oigámoslo, pues, si queremos que nos oiga. En esta batalla de que hablo, ninguno presuma de sí mismo: humíllese delante de la Majestad divina, rogándole que por Cristo le aumente la fe y le declare su palabra. Sabrá este tal mantener por la palabra de Dios su religión cristiana y confundir los adversarios, que contra ella le hablaren. Su Majestad os haga la gracia de perseverar y crecer en él.

El nombre de cristiano cuando con el nombre concurren las partes necesarias que hacen a uno verdaderamente cristiano, es muy precioso y de muy grande estima en el acatamiento de Dios. Porque el verdadero y no hipócrita cristiano, que es el que sigue las pisadas de Cristo, es un verdadero traslado, un vivo retrato y una expresa imagen de Cristo, y Cristo es imagen del Padre. Dios que es invisible, en Cristo se ha hecho visible y palpable. Todo cuanto es Cristo por naturaleza, lo es el cristiano por gracia y adopción.

Y así es hijo de Dios, renacido como dice S. Pedro, no de simiente corruptible sino de incorruptible, por la palabra del Dios viviente. 1 Pedro, 1:23. S. Juan dice, que Cristo a todos los que lo recibieron, les dio potestad de ser hijos de Dios, a los que creen en su nombre. Juan 1:12. De esta manera el cristiano participa de la naturaleza divina. Y como Cristo es rey, pero no de este mundo, que venció el pecado, muerte y demonio, así lo es el cristiano, el cual con las fuerzas que su rey Cristo le da, vence los mismos enemigos, pecado, muerte y demonio. Como Cristo es sacerdote, que se ofreció a sí mismo al Padre eterno, así el cristiano se ofrece a sí mismo negando su propia voluntad y sujetándola a la ley de Dios. Y así ofrece por medio de su Sumo Pontífice Cristo a Dios un perpetuo sacrificio, es a saber, como la declara el apóstol Hebr. 13:15, «fruto de labios que confiesen a su nombre.»

Y como Cristo es profeta, que declara y enseña la voluntad de su Padre, así el cristiano siendo enseñado de Dios, habla palabra de Dios y cosa que edifique; conforme a lo que dijo San

Pedro: «si alguno habla, hable conforme a las palabras de Dios.» 1 Pedro 4:11. Muy lejos deben de estar de la boca del cristiano palabras sucias, vanas, picantes, murmuradoras y mucho menos blasfemas. Gran perfección es la que se demanda del cristiano; pero lo que es imposible al hombre, es posible y muy hacedero a Dios, como lo dijo el ángel a la Santa Virgen, cuando ella le preguntó como concebiría no conociendo varón: ninguna cosa, dice, es imposible a Dios, Luc. 1:37. Por eso se llama Todopoderoso. Y el cristiano en cierta manera lo es, y por eso S. Pablo, Filip. 4:13 dice: «todo lo puedo en Cristo, que me fortalece.»

Esto que hemos dicho, que Cristo es rey, sacerdote y profeta, y que por el mismo caso cualquier cristiano, si es cristiano, es rey, sacerdote y profeta, consideró muy bien S. Pedro, cuando dijo, hablando con todos los cristianos y con cualquiera de ellos: «vosotros sois el linaje elegido, el real sacerdocio, gente santa etc.» 1 Ped. 2:9. Esta manera de hablar tomó S. Pedro de lo que dice Dios, Exod. 19:5-6, hablando no con los sacerdotes solos sino con toda la casa de Jacob, con todo el pueblo de Israel. Si oyereis, dice, mi voz y guardareis mi concierto, vosotros seréis mi tesoro sobre todos los pueblos; porque mía es toda la tierra. Vosotros seréis mi reino de sacerdotes y gente santa. S. Juan en su Apocalipsis, cap. 1:6 dice: Cristo nos ha hecho reyes y sacerdotes para Dios, (quiere decir, espirituales y no de este mundo.) Siendo, pues, tanta la dignidad, autoridad y majestad del cristiano, razón es que no se acobarde, que no se abata ni se deje hollar del demonio, ni se haga siervo del pecado, que no viva según la carne; cuyas obras, (como las cuenta S. Pablo, Gál. 5:19-21) son adulterio, fornicación, inmundicia, disolución, servir a ídolos, hechicerías, enemistades, pleitos, celos, contiendas, disensiones, sectas, envidias, homicidios, borracheras, glotonerías y cosas semejantes a estas. Los que estas cosas hacen, dice S. Pablo, que no heredaran el reino de Dios.

Mas al contrario, el cristiano se estime en mucho, haga gran caso de sí mismo como de cosa muy preciosa y de inestimable valor: pues es rey, sacerdote y profeta, hijo y heredero de Dios: y así ande y viva según el espíritu cuyos frutos son caridad, gozo, paz, tolerancia, benignidad, bondad, fe, mansedumbre, templanza, longanimidad, modestia, continencia, castidad. Contra los tales, como dice el mismo apóstol, no hay ley; porque ellos se son a sí mismos ley. Y así no hay condenación ninguna para ellos, porque están en Jesucristo, y estando en Él no andan conforme a la carne, mas conforme al espíritu. Porque la ley del espíritu de vida en Cristo Jesús los ha librado de la ley del pecado y de la muerte; y lo demás que a este propósito va discurriendo, Romanos 8:1. Y pues que todo esto tenemos y somos por Cristo, razón será para conforto de vuestra fe, y principalmente viviendo vosotros entre infieles y enemigos de la cruz de Cristo (de quien el cristiano se gloría), con los cuales tendréis cada día combates, que digamos que es lo que debéis creer de Cristo de cuyo nombre os llamáis cristianos.

El cristiano debe firmemente creer y por esto cien mil vidas, si tantas tuviese, poner, en un solo Dios, creador del cielo y de la tierra, y que este un solo Dios es, como él mismo lo ha declarado en su sagrada Escritura, Padre, Hijo y Espíritu Santo. Id, dice el Señor, Mat. 28:19, enseñad a todas las gentes bautizándolas en el nombre del Padre, del Hijo y del Espíritu Santo. Y su discípulo muy amado dice: Tres son los que dan testimonio en el cielo, el Padre, la Palabra y el Espíritu Santo y estos tres son uno. 1 Juan 5:7-8. Este misterio de la Santísima Trinidad no lo dejó Dios de manifestar a los santos patriarcas y profetas del testamento antiguo. Es verdad, que no tan claramente como en el nuevo. Para confirmación de esto no alegaré aquí sino dos pasos: el primero es del Salmo 110; y lo alegaré conforme a la traducción española que los judíos han hecho, para que no digan, que nuestra traducción, de que usamos los cristianos, es mala. Dijo Adonai (que es Jehová; que los judíos por superstición no quieren nombrar) a mi Señor: Siéntate a mi derecha hasta que ponga tus enemigos escaño de tus pies. David, arrebatado en espíritu profetiza en este salmo del Mesías que llamamos Cristo, dos cosas: la primera, los oficios, que el Padre eterno le entregará; la segunda como se habrá Cristo en la ejecución de estos oficios de que aquí se hace mención.

Los oficios son dos: su eterno reino del cual trata en los tres primeros versos y su eterno sacerdocio, de que trata verso 4. De la ejecución de estos dos oficios se trata en el resto del salmo. Este salmo es de grandísima importancia para convencer la obstinación de los judíos en cuanto a la eternidad y divinidad del Mesías, y por ser tal, el Señor enseñando en el templo, lo alegó a este propósito, Mat. 22:42. Les preguntó, pues: ¿Qué os parece de Cristo? ¿Cuyo hijo es? Le respondieron: de David. Él les dice: Pues, como David en espíritu lo llama Señor, diciendo: dijo el Señor a mi Señor etc. Pues si David lo llama Señor, ¿cómo es su hijo? etc. Fueron de tanto peso y eficacia estas palabras y tan perentorias, que los fariseos por mas sofistas, astutos y calumniadores que eran, no tuvieron que responder, y le cobraron tanto miedo, que de allí en adelante (como dice el Evangelista) jamás le vinieron con preguntas como antes solían para tentarlo. Y así, dejadas las disputas, tratan de matarlo; como de hecho lo hicieron.

David dice que Jehová dijo a su Señor, siéntate a mi diestra; de dos personas hace aquí mención David, del Padre eterno y de su Mesías, a quien David llama Señor, y en llamarlo Señor, denota David que el Mesías era más que hombre, que era eterno, que era Dios. Lo cual confirma David con las palabras que el Padre dice luego al Mesías: «siéntate a mi diestra.» ¿A quién, no digo de los hombres, sino aun de los ángeles, que son las más excelentes criaturas ha dicho Dios jamás: siéntate a mi diestra hasta que ponga etc.? El apóstol, Heb. 1:13, entre otras razones con que prueba la divinidad del Hijo de Dios pone esta que Dios le dijo: siéntate a mi diestra, lo cual a ninguno de los ángeles jamás ha dicho etc.

Ítem, es de notar lo que David dice en el cuarto verso: juró Jehová y no se arrepentirá: Tú (serás) sacerdote para siempre según uso de Malkiesedek, o como nuestra traducción dice, conforme al rito de Melchisedec. Este Adonai, a quien habla Jehová, este Mesías, este a quien

David llama Señor, el mismo David dice que será sacerdote para siempre, quiero decir, sacerdote eterno, conforme a la manera de Melchisedec y no conforme à la de Aaron: de lo cual se concluye que, venido el Mesías, había de cesar el sacerdocio de Aaron con todo su aparato y culto externo, como de hecho cesó; y que había de haber otro sacerdocio que jamás cesase, sino que fuese eterno, cuyo sacerdote también fuese eterno y no mortal. Siendo, pues, el Mesías eterno rey y eterno sacerdote, y asentándose a la diestra de Jehová, como David en este salmo le dice, continúa, que el Mesías, además de ser verdadero hombre, había de ser verdadero Dios. Y tal lo esperaron los judíos antiguos.

Los judíos modernos que han escrito después de la venida de Cristo, antes quieren darse al diablo que encontrarse con nuestro Cristo; y así unos de ellos entienden por el Señor, de quien habla aquí David a Abraham, otros al mismo David. Lo cual no puede ser verdad, porque cuanto a David, el mismo David le llama Señor; y ni David ni Abraham fueron sacerdotes ni conforme al rito de Aaron, ni del de Melchisedec; ni jamás Dios les dijo, ni al uno ni al otro por más santos que fueron, que se sentase a su diestra; que fuera darle majestad divina demás de la humana, como la tiene el verdadero Mesías, nuestro Cristo, que es verdadero Dios y verdadero hombre; y así está sentado a la diestra del Padre, al cual el Padre ha dado toda su autoridad como el mismo Señor lo dice, Mateo 28:18. «Toda potestad, dice, me es dada en el cielo y en la tierra.» Esto en cuanto al salmo.

El segundo paso es de Isaías, cap. 61:1, donde dice: «Sprito de Adonai Dios sobre mí» etc., quiere decir: El espíritu del Señor Jehová sobre mí. Aquí se nombran todas tres personas: Espíritu, Jehová y aquel sobre quien estaba el Espíritu, que es Cristo. Las cosas, que se cuentan aquí, que hizo este sobre quien estaba el Espíritu de Jehová, no pueden hallarse en ningún otro que en Cristo. Porque todos los otros profetas recibieron el Espíritu en medida; unos mas y otros menos; pero Cristo recibe el Espíritu todo entero con todos sus dones, no se le da por medida. Y así él solo con la virtud de su Espíritu hace y cumple todo cuanto aquí se dice. Él es ungido para dar buenas nuevas a los pobres, él es enviado del Padre para sanar los quebrantados de corazón, para pregonar a los cautivos libertad y a los ciegos vista etc., como el mismo Señor lo testifica, Luc. 4:18; que toda esta Escritura se había cumplido entonces en los oídos de los que estaban presentes.

1.5 Nuestro Credo Bíblico

Lo que debamos creer del Padre, del Hijo y del Espíritu Santo, esta sumado en la breve confesión de fe que hacen todos los cristianos, que llamamos el credo, y en el símbolo niceno y más ampliamente en el de Atanasio que comienza: Cualquiera que quisiere ser salvo etc. De estos tres símbolos aprenda el cristiano lo que ha de creer cuanto a estas tres personas; y así sabrá dar cuenta de su fe, y no será cristiano en nombre y porque lo fueron sus padres, sino de hecho y de veras; no será de aquellos que dicen: Creo en Dios a pies juntillos, creo lo que cree la Iglesia. Y si le preguntaseis, qué cree la Iglesia, ellos no lo saben, ni lo han procurado saber, por cierto, el demonio les lleva gran ventaja en esto; el cual preguntado si quisiese responder, sabría mucho mejor que ellos decir, qué es lo que cree la Iglesia de Jesucristo.

Este Mesías, este Hijo de Dios y Redentor del mundo, fue prometido en tiempo de la ley que llamamos de natura y después en tiempo de la ley escrita. La primera promesa fue hecha acabando Adam de pecar, Gen. 3. Examinando Dios a Adam como había pecado, y echando Adam la culpa sobre su mujer, y la mujer sobre la serpiente, Dios comienza su castigo de la serpiente, y entre otras cosas le dice: enemistad pondré entre ti y la mujer, y entre tu simiente y su simiente; ella (quiere decir, la simiente de la mujer, que es Cristo) te herirá en la cabeza y tú le herirás en el calcañar. Como el demonio por su gran malicia tomó a la mujer Eva por instrumento para hacer pecar Adam y a toda su posteridad en él, en quien (dice S. Pablo, Rom. 5:12, hablando de Adam) todos pecaron, así Dios por su infinita bondad tomó por instrumento otra mujer, que fue la Santísima Virgen, de la cual naciese el Redentor del mundo, el cual deshiciese las obras del demonio y volviese a poner a Adam y a su posteridad en la gracia y favor del Padre eterno como antes y aún más que antes estaba. Estos, de quien hace Moisés mención, son los primeros que leemos en la sagrada Escritura haber pecado. Y cada uno pecó en diferente grado de pecado. La serpiente o demonio pecó de malicia, de odio que tenía contra el linaje humano y con contento que tomaba en ofender a su Criador, sin jamás arrepentirse de ello. Y así pecó contra el Espíritu Santo, a quien se atribuye amor y caridad, y por eso no hubo remedio para su pecado. Conforme a lo que dice el Señor, Mat. 12:32 y Marcos 3:29, el pecado contra el Espíritu Santo jamás será perdonado. De este género de pecado pecaron los fariseos contra los cuales habla Cristo en los dos lugares alegados de S. Mateo y de S. Marcos.

La mujer, engañada de la serpiente, pecó por ignorancia, y así pecó contra el Hijo, a quien se atribuye sabiduría, porque él es la sabiduría del Padre, y así Eva, por pecar por ignorancia, alcanzó perdón. De este género de pecado pecó S. Pablo antes de su conversión; y fue recibido a misericordia como él mismo lo testifica, 1 Tim. 1:13. Adam no pecó por malicia como la serpiente, ni pecó por engaño como Eva, mas pecó por flaqueza, condescendiendo a comer del fruto que Dios le había vedado, por hacer placer a su mujer. Y así dice S. Pablo, 1 Tim. 2:14: Adam no fue engañado, sino la mujer fue engañada en la rebelión. De este género de pecado pecó S. Pedro cuando negó a su Maestro. Este pecado de flaqueza es contra el Padre, a quien se atribuye omnipotencia, y hay perdón para él.

A uno de estos tres géneros de pecados, se reducen todos cuantos pecados se han cometido, cometen, y cometerán contra la Majestad divina. Porque cualquiera que peca, o peca por malicia, o por ignorancia, o por flaqueza.

Esta misma promesa refirmó Dios a Abraham, Isaac y Jacob, como se lee en el Génesis cap. 23 y cap. 26 y cap. 28. En tu simiente, dice Dios, hablando con cada uno de estos patriarcas, serán benditas todas las gentes. La misma promesa fue hecha a David, con la cual él y los demás fieles se consolaban en sus tristezas y trabajos, teniendo por certísimo que Dios cumpliría su promesa y les enviaría el Redentor, que los librase no de la cautividad de Egipto, no de la de Babilonia, no de la cautividad de los romanos, sino de la cautividad espiritual del verdadero Faraón, del verdadero Nabucodonosor, del verdadero anticristo.

Y no se contentó Dios con prometerles el Mesías, más aún, les da a entender el tiempo en que había de venir, y las circunstancias, y el cómo había de venir y para qué había de venir; para que cuando lo viesen todo cumplido, estuviesen ciertos que ya era venido el Mesías. Jacob, inspirado del Espíritu divino, profetizó del Mesías diciendo: «No se tirará vara de Yehuda y escribano de entre sus pies, hasta que venga Siloh, y a él apañamiento de pueblos,» o mas claro conforme a nuestra traducción: «No será quitado el cetro de Juda y el legislador de entre sus pies hasta que venga Siloh, y a él se congregaran los pueblos.» Si lugar hay en la Escritura de gran consolación y doctrina, este es uno, que tan manifiestamente habla de la venida de Cristo, cuyo reino es reino eterno y cuyo poder es infinito. Y si hay lugar en la Escritura que los judíos corrompan con sus quimeras e imaginaciones, este es uno. Los judíos antiguos confiesan este lugar entenderse del Mesías, y así el caldeo parafraste, de tanta reputación entre los judíos, lo que el texto dice: hasta que venga Siloh, traslada, hasta que venga el Mesías. Pero los modernos unos entienden una cosa, y otros otra por el odio que tienen con Cristo. Y cuando no saben qué decir, responden como me respondió un judío de señal portugués, anciano y muy buen médico, que Jacob, cuando dijo esto, estaba borracho, y que el Espíritu de Dios se había apartado de él por quererse meter a hablar aquello que Dios no le había revelado. Profetiza pues Jacob, que no faltará de los descendientes de David, quien gobierne y rija el pueblo judaico hasta que venga el Mesías, y que venido el Mesías, él será el gobernador, capitán y rey.

Los judíos que ha mas de 1500 años que están derramados por el mundo, sujetos a naciones extrañas, y de ellas afligidos y maltratados, en todo este tiempo no han tenido, rey, ni gobernador de los descendientes de David, no tienen aquel su gran y sumo sacerdote, que era figura de Cristo, no tienen el Pesah, que era la celebración del cordero pascual, no tienen los otros sacrificios de toros y de carneros etc., que figuraban el verdadero sacrificio que ofreció Jesucristo. ¿Dónde está, el arca del testamento o concierto? ¿dónde están las dos tablas en que Dios escribió los diez mandamientos? ¿dónde está la vara de Aaron que reverdeció? ¿dónde el cántaro de oro que tenía el maná? Todo esto ya ha mas de 1500 años que ha cesado, y no se sabe que se haya hecho de ello. El profeta Oseas dice, cap. 3, v. 4, estas palabras: «Muchos días estarán los hijos de Israel sin rey y sin señor, y sin sacrificio y sin estatua y sin efod y sin terafín. Después volverán los hijos de Israel, y buscarán a Jehová su Dios y a David su rey, y temerán a Jehová y a su bondad en el fin de sus días.» Lo que dice, que buscaran a David su rey no se puede entender de David que ha dos mil y tantos años que murió, sino de Cristo. Y así el caldeo parafraste lo interpreta de esta manera: Y obedecerán a su rey el Mesías, hijo de David. Esta profecía de la conversión de los judíos se va cumpliendo cada día en los que del judaísmo se convierten, creyendo el Mesías ser ya venido.

Daniel cap. 9, v. 24, dice el tiempo que faltaba hasta la venida del Mesías, (conviene a saber setenta semanas de años que son 490 años). Dice pues Daniel: Setenta semanas están determinadas sobre tu pueblo y sobre tu santa ciudad, para fenecer la prevaricación y expiar la iniquidad, y para traer la justicia de los siglos, y para sellar la visión y la profecía y ungir la santidad de santidades etc. Y verso 26 dice: Después de las sesenta y dos semanas, (a las cuales se han de añadir siete semanas, como en el precedente verso lo dijo,) el Mesías será muerto (o como dice la traducción de los judíos:) será tajado ungido, que es lo mismo. De esta manera, casi al fin de las setenta semanas, fue muerto Cristo. Y cuarenta años después de su muerte vinieron los romanos, que aquí Daniel llama pueblo príncipe, y destruyeron la ciudad de Jerusalén y el templo, como en el verso 27 lo profetizó Daniel. Setenta semanas, que son 490 años, puso Dios de término, y no solamente son pasados los 490 años, sino más de los mil. Siguiendo, pues la palabra de Dios no puede faltar, que el Mesías hace ya mucho tiempo ha venido. Además de esto, todas las cosas que Daniel dice que se habían que cumplir en las primeras siete semanas, en las sesenta y dos semanas y en la última semana, que todas juntas hacen 70 semanas, se han cumplido. ¿Por qué pues no se habrá cumplido lo que dice de la venida del Mesías o ungido? Dios reveló a Jeremías, que su pueblo estaría cautivo setenta años en Babilonia. Y como Dios lo prometió, así lo cumplió. Porque acabados los setenta años, envió a Ciro, el cual los libró del cautiverio temporal. Estos setenta años fueron figura de las setenta semanas de que Daniel habla, y la cautividad temporal debajo del rey de Babilonia, fue figura de la cautividad espiritual debajo del príncipe del mundo, que es el demonio. Y Ciro, que los libró de aquella cautividad temporal, fue figura del Mesías que llamamos Cristo, el cual nos libró de la cautividad espiritual. Porque no hay otro mediador que aplaque la ira de Dios sino Él. Como los profetas, y principalmente Isaías, cap. 53, lo dicen. Dios haya misericordia de los pobres judíos, y les haga gracia que se conviertan a Él, y así sirvan a Jehová con temor, y besen al Hijo, quiero decir, den obediencia al Mesías. Porque si esto no hacen, se acabará de enojar Dios con ellos, y los destruirá de todo punto cuanto al cuerpo y cuanto al ánima.

Quien quisiere saber las grandes mortandades de millares y millares de judíos, sus gravísimos trabajos y calamidades que padecieron estando cercados y cuando la ciudad fue entrada y la grande hambre, tanto que las madres comían sus propias criaturas, lea a Josefo *de bello judaico*, que se halló presente. Todo lo cual fue castigo con que Dios los castigó por haber ellos muerto al Mesías tan afrentosamente.

Y esto de la afrentosa muerte del Mesías no fue Daniel el primero que lo profetizó: Isaías muchos años antes lo había profetizado. Léase su cap. 53, que es el capítulo que en toda la escritura más claramente habla de la muerte ignominiosa del Señor y de su victoria y triunfo contra la muerte, y de los grandes beneficios que el género humano recibió por su muerte. Y habla de estas cosas tan claramente, que no parece (como lo nota S. Jerónimo) decir como profeta lo que había de ser sino contar como evangelista la historia como era ya pasada. Dos cosas se sacan de este capítulo: la primera, que el Mesías, de quien en todo este capítulo se trata (como los mismos judíos, que antiguamente escribieron, lo entienden) es verdadero hombre, la segunda, que es verdadero Dios. Como verdadero hombre es azotado, herido y abatido de Dios; como se dice verso 4, fue muerto, como se dice verso 8, fue cortado de la tierra de los vivientes. Y luego pone la causa, por qué fue azotado, herido, abatido y muerto: la rebelión de mi pueblo. Y verso 6 había dicho: Jehová traspuso en él el pecado de todos nosotros. Su divinidad se prueba de lo que dice, que nunca hizo maldad ni hubo engaño en su boca. ¿Qué hombre hay que no peque? Salomón, Prov. 24:16, dice: siete veces cae el justo y se torna a levantar, quiere decir, muchas veces. Y si el justo cae muchas veces, ¿qué hará el injusto? Siempre cae, porque todo lo que hace el hombre sin fe, es pecado.

La tercera, es su oficio el quitar los pecados satisfaciendo por ellos, lo cual no es obra que puro hombre la pueda hacer. Porque solo Dios quita, perdona y más rae los pecados, como el mismo lo testifica, Isaías 43:11: «Yo, yo Jehová; y fuera de mí no hay quien salve.»

Ítem dice de él, que cuando hubiere puesto su vida por expiación, vera linaje, vivirá por largos días y la voluntad de Jehová será prosperada en su mano. Murió, pues, Cristo; pero de tal manera murió, que la muerte no lo detuvo; porque con su potencia divina resucitó triunfando de la muerte, del pecado y de Satanás. Y todo esto por nosotros, para alcanzarnos perdón y reconciliarnos con su padre, haciéndonos hijos suyos; y si hijos, herederos.

¿Quién puede con la fe en él, que el profeta llama con su conocimiento, justificar los hombres sino solo Dios? Cristo hace esto, como lo testifica el verso 11: continua, pues, que es Dios. Ya hemos visto por el capítulo 3 del Génesis, que el Mesías había de ser simiente de mujer, quiere decir, hijo de mujer, verdadero hombre. Su manera de concepción y nacimiento el profeta Isaías la declara, cap.

7, v. 14, diciendo: «He aquí, la virgen concebirá y parirá hijo y llamará su nombre Emmanuel.» Su madre santísima virgen lo concibió y virgen lo parió. Porque esta es la señal que Dios da, y el milagro que hace, que una virgen contra el curso natural de las mujeres conciba y para. ¿Qué milagro fuera que una mujer con ayuntamiento de varón concibiese y pariese? El vocablo hebreo *almah* significa propiamente *doncella*, moza virgen (como lo nota S. Jerónimo), lo cual era la santa virgen María, y lo era Rebeca, la cual Gen. 24:43, se llama *almah*, y lo era María o Mirjan, hermana de Moisés, la cual Exod. 2:8, se llama *almah*. El lugar de su nacimiento, Michéas, cap. 5:2, lo profetizó: «Y tu Betlehem Ephrata, pequeña para ser en los millares de Juda, de ti me saldrá el que será Señor en Israel, y sus salidas son desde el principio, desde los días del siglo.» O como traducen los judíos y sus saliduras de antigüedad, de días de siempre. Este paso es admirable, porque en él se confirman las dos naturalezas del Mesías, humana y divina. La humana, cuando dice, que nacerá en Betlehem; la divina, cuando dice, sus salidas de antigüedad, de días de siempre, quiere decir: no comenzó cuando nació en Betlehem, ab eterno fue. Continúa, pues, que es Dios. Rabbí Salomón dice; que este, de quien habla aquí el profeta es el

Mesías, hijo de David. Los escribas, preguntado de Herodes, donde había de nacer el Mesías, como S. Mateo lo testifica, cap. 2, respondieron: en Betlehem. Y para confirmación dé lo que decían alegaron este paso de Michéas.

Cuenta Esdras, cap. 3, v. 12, que cuando los viejos vueltos de Babilonia vieron el nuevo templo que edificó Zorobabel, y se acordaban del primer templo que edificó Salomón, que los caldeos destruyeron, dice que lloraban y suspiraban, viendo el segundo no tener que ver, ni con mucho, con el primero, ni en edificios, ni en ornamentos, ni en riquezas, ni en abundancia de sacrificios. El profeta Hageo, para consolar estos viejos, les dice cap. 2, v. 9: la gloria de esta casa postrera será mayor que la de la primera; lo cual confirma diciendo, que así lo dijo Jehová de los ejércitos. Esto se cumplió, cuando la santa virgen presentó a Cristo en el templo y cuando él mismo entró muchas veces en el templo, predicó en él e hizo muchos milagros. Los ejercicios en que Cristo se había de ocupar, mientras viviese, Isaías, cap. 61, los predijo.

El Espíritu, dice, del Señor Jehová sobre mí, porque me ungió Jehová; me envió a predicar a los abatidos, y atar (las llagas) de los quebrantados de corazón, a predicar libertad a los cautivos y a los presos abertura de la cárcel etc. Viniendo a Jerusalén a morir por la redención de los hombres, envió estando ya cerca de Jerusalén, dos de sus discípulos que le trajesen un asna con su pollino. Los cuales traídos, sus discípulos (como lo cuenta S. Mateo, cap. 21,) pusieron sobre ellos sus mantos y lo hicieron asentar sobre ellos (conviene a saber ya sobre el uno ya sobre el otro,) y mucha compañía tendían sus mantos en el camino, y otros cortaban ramos etc. Y los compañeros que iban delante y cuales, los que iban detrás, aclamaban diciendo: Hosana al hijo de David, bendito el que viene en el nombre del Señor etc.

Esta manera de entrada en Jerusalén, caballero sobre un asno y no en carro triunfal, pero con todo esto recibido tan solemnemente como príncipe y rey, no fue acaso. Y así dice el Evangelista, que todo esto fue hecho para que se cumpliese lo que fue dicho por el profeta: Decid a la hija de Sion: He aquí, tu rey te viene manso, sentado sobre un asna y un pollino. Zacarías 9:9. Tampoco fue acaso que Cristo fuese vendido por treinta dineros y que Judas, que lo vendió, arrepentido echase los treinta dineros en el templo; porque así lo había profetizado Zacarías, cap. 11, v. 12: Apreciaron mi salario en treinta (monedas) de plata y échelas en casa de Jehová al tesorero; como lo alega S.

Mateo, cap. 27, v. 9. Y como Cristo fue vendido por treinta dineros, así quiso Dios entre otros castigos con que los castigó, que treinta judíos fuesen vendidos, como lo cuentan las historias, por un dinero. De estos judíos vendidos treinta por un dinero, cupo una buena parte a nuestra España. Tampoco fue acaso, que preso Cristo sus discípulos lo desamparasen; porque así lo había dicho Zacarías, cap. 13, v. 7: Hiere al pastor y se derramaran las ovejas; como lo alega S. Mateo, cap. 26, v. 31. Tampoco fue acaso, que Cristo fuese levantado en la cruz, para que todos los que mirasen, creyendo en él, fuesen salvos; porque esto significaba la serpiente que levantó Moisés. Num. 21:9 se cuenta, que habiendo pecado el pueblo, que Dios les envió serpientes venenosísimas, que mordían al pueblo, y de ello morían; entonces el pueblo, confesando públicamente su pecado, rogaron a Moisés, que rogase a Dios por ellos. Oró pues Moisés a Dios, y Dios le dijo: Hazte una serpiente ardiente y ponla sobre la bandera, y será que cualquiera que fuere mordido y mirare a ella, vivirá etc. El Señor dando a entender el género de muerte, que había de padecer, dijo como lo testifica S. Juan, cap. 3:14: «Como Moisés levantó la serpiente en el desierto, así es necesario, que el hijo del hombre sea levantado, para que todo aquel, que creyere en Él, no se pierda, mas tenga vida eterna.»

Tampoco fue acaso que sus manos y sus pies fuesen enclavados, porque David, Salmo 22, lo profetizó así: horadaron, dice, mis manos y mis pies. Los judíos modernos con el odio que tienen a Cristo, han corrompido este paso y en lugar de leer en hebreo *carn*, que quiere decir, *horadaron*, leen *caari*, que quiere decir, *como león*; a los cuales siguió la traducción española de los judíos, pero los ejemplares antiguos no leen *caari* como león, sino *carn*, horadaron. Así lo leen los 70 intérpretes que trasladaron la biblia de hebreo en griego. La traducción caldaica y la de los Etíopes, como la nota Galatino, lib. 8, leen: horadaron. Los Masoretas, que son de gran autoridad entre los judíos, testifican, como lo nota Tremelio y otros, que en la mayor parte de los ejemplares bien correctos se lee *carn*, horadaron. Y así S. Mateo alega este paso. Tampoco fue acaso el darle a beber vinagre. David, Salmo 69:21, lo había profetizado diciendo: pusieron en mi comida hiel y en mi sed me dieron a beber vinagre. S. Juan, cap. 19:28, dice, que Cristo dijo: sed tengo, para que se cumpliese la Escritura etc. Tampoco fue acaso, que los soldados, como hubieron crucificado a Jesús, tomaron sus vestidos e hicieron cuatro partes etc., pero la túnica sin costura no la partieron, sino echaron suertes sobre ella, cuya seria. Y dice S. Juan, cap. 19:24, que esto pasó así para que se cumpliese la Escritura que dice: partieron para sí mis vestidos y sobre mi vestidura echaron suerte; Salmo 22:18.

Tampoco fue acaso, que habiendo los soldados quebrados las piernas a los dos ladrones, que fueron crucificados con Cristo, cuando vinieron a Cristo, no se las quebraron, sino un soldado lo hirió en el costado. S. Juan, cap. 19, v. 36 dice, que estas cosas fueron hechas para que se cumpliese la Escritura: «hueso no quebrantareis de él.»

Mandaba Dios, Exod. 12:46 y Num. 9:12, que cuando el pueblo de Israel comiese el cordero pascual, que no le quebrasen hueso ninguno: y porque Jesucristo era el verdadero cordero pascual, que quita los pecados del mundo, cuya figura era el otro que comían; los soldados sin ellos pensar en ello, no le quebraron hueso ninguno. Y cuando el soldado le pasó el costado con la lanza, S. Juan dice, que se cumplió la Escritura que dice: verán a aquel al cual traspasaron. Zacar. 12:10. El apóstol, Heb. 13:11, halla gran misterio en que Cristo hubiese padecido fuera de la puerta; cuyas palabras son estas: «los animales, la sangre de los cuales es metida por el pecado en el santuario por el pontífice, los cuerpos de estos son quemados fuera del real. Por lo cual también Jesús, para santificar el pueblo por su propia sangre, padeció fuera de la puerta.»

Y es de notar el juicio de Dios, que como los judíos mataron a Cristo en la víspera de la pascua, así ordenó Dios que Vespasiano y su hijo Tito pusiesen el cerco sobre Jerusalén el mismo día de la pascua; y en castigo del menosprecio de la doctrina que Cristo tres años y medio les predicó, ordenó Dios que tres años y medio estuviesen cercados, al cabo de los cuales fue entrada Jerusalén; y fueron tantos los muertos, que dice Josefo, como testigo de vista, que llegaron a once veces cien mil.

Casi todo cuanto habremos alegado de los profetas ha sido del abatimiento, pasión y muerte de Cristo. En todo lo cual, si bien se considera, no solamente mostró ser verdadero hombre; pero, lo que es mas de maravillar, ser verdadero Dios. Porque si como hombre nació de una mujer, como mas que hombre nació de una virgen; como hombre sintió hambre, sed, cansancio y las demás miserias, a que es sujeto el hombre por el pecado; pero como mas que hombre padeció todo esto, libre de todo pecado y con su sola palabra, por ser Dios, sanó toda suerte de enfermedades, así corporales como espirituales. Como hombre murió, mas como Dios, se resucitó a sí mismo y a otros. Conforme a lo que antes había dicho (Juan, 10:18): nadie quita mi alma de mí, pues yo la pongo de mí mismo; poder tengo para ponerla y poder tengo para volverla a tomar.

Mostremos ahora que lo que le aconteció cuanto a su ensalzamiento, como es su gloriosa resurrección, ascensión etc., Dios lo haya también revelado a sus santos profetas. San Pedro en aquel solemne primer sermón que hizo después de haber visiblemente recibido el Espíritu Santo entre otras cosas que dijo, como lo cuenta S. Lucas, Hechos 2:30, dijo lo que se sigue: «así que siendo profeta y sabiendo que con juramento le había Dios jurado, que del fruto de su lomo, cuanto a la carne, levantaría a Cristo, que se asentaría sobre su silla, viéndolo antes, habló de la resurrección de Cristo, que su alma no haya sido dejada en el infierno ni su carne haya visto corrupción.» (Salmo 16:10.) El haber estado Jonás tres días y tres noches en el vientre de la ballena, fue figura que Cristo había de estar en el sepulcro tres días y tres noches, como el mismo Señor lo dice, (Mat. 12:40.) Lo que dice David, Salmo 68:18: «subiste a lo alto, cautivaste cautividad, tomaste dones para los hombres,» S. Pablo, Efes. 4:8, lo aplica a la ascensión de Cristo.

Cuando los apóstoles en el día de Pentecostés hablaban diversas lenguas, como lo cuenta S.

Lucas, Hechos 2, los que los oían unos se maravillaban, otros se burlaban, diciendo, que estaban borrachos. A estos segundos dice S. Pedro, y no con injurias, sino con toda dulzura: «Varones judíos y todos los que habitáis en Jerusalén, esto os sea notorio, y oíd mis palabras; porque estos no están borrachos, como vosotros pensáis, no habiendo pasado que tres horas del día. Mas esto es lo que fue dicho por el profeta Joel» etc.

1.6 Acerca de las expectativas judías

Concluyamos, pues, de aquí, para confirmación de nuestra religión cristiana, y para saber responder a los judíos que se burlan de nuestro Cristo y de nosotros, porque decimos ser venido el Mesías, Cristo o ungido, que todo es uno, que confesamos y adoramos los cristianos ser el verdadero Mesías que Dios prometió a los padres, y que los santos profetas inspirados por el Espíritu Santo profetizaron muy mucho antes que había de venir; pues en él solo y en ningún otro concurren todas las cosas que ellos profetizaron, que el Mesías había de tener, como son su concepción y natividad de una virgen, Isaías; su nacer en Betlehem, Michéas; su hallarse en el templo segundo, y con su presencia hacerlo más glorioso que el primero, Hageo; su sanar las enfermedades, no solamente las del cuerpo, sino también las del ánima, que requieren potencia divina, Isaías; su entrada en Jerusalén caballero en un asno etc., Zacarías; ser desamparado de sus discípulos, Zacarías; ser vendido por treinta dineros, Zacarías; ser levantado en la cruz, Moisés; ser pasados sus pies y sus manos, David; darle a beber vinagre, David; echar suerte sobre sus vestidos, David; no quebrarle hueso ninguno, Moisés; el pasarle el costado, Zacarías; el morir fuera de la puerta, Moisés; su afrentosa muerte y pasión, Isaías; el estar tres días y tres noches en el sepulcro, Jonás; su resurrección, David; su ascensión, David; la venida del Espíritu Santo, Joel. Demas de estas certísimas marcas, el tiempo en que Dios había prometido que había de venir el Mesías es pasado y más que pasado; pues que no solamente son pasadas las setenta semanas de Daniel, que son cuatrocientos noventa años, sino más de dos mil y tantos años; porque tanto ha, que Daniel profetizó. Además de esto, los judíos, muy muchos años ha que no tienen rey ni señor de los descendientes de David, ni su gran sacerdote, ni sacrificios, ni lo demás que ya hemos dicho, como Jacob profetizó que no lo tendrían, venido el Mesías, y como lo profetizó Oseas. Lástima, pues, es de haber de los pobres judíos, que habiendo sido ellos tantos años el verdadero pueblo de Dios, ahora sean la escoria del mundo, y esto por justo juicio de Dios, que los castiga por su inobediencia e incredulidad que tuvieron matando al Mesías.

Algunos judíos han habido, que viendo el tiempo en que el Mesías era prometido ser pasado, afirmaron ser ellos el Mesías, y así engañaron a sí mismos y a otros muchos. Tal fue un judío llamado Bencosba o Barcosba, al cual diciendo que era el Mesías, los judíos se allegaron. De este Barcosba cuentan grandes maravillas; y así se juntaron doscientos mil hombres, y se rebelaron contra los romanos. Para castigar esta rebelión, los romanos enviaron a Vespasiano, como ya hemos dicho. Cuarenta y ocho años después de la destrucción de Jerusalén, los judíos hicieron a Biter su ciudad capital, tomando por adalid y capitán a otro falso Mesías; a los cuales el ejército del emperador Adriano castigó muy bien con muerte de muy muchos de ellos. Fray Alonso Venero en su Enchiridion de los tiempos, fol. 106, dice de esta manera: Reinando Teodoredo en España, cuyo reino comenzó año 441, dice el cardenal Martino, que un diablo tomó forma de hombre y dio a entender a los judíos, que era Moisés, y que los quería llevar por el mar a tierra de promisión, lo cual ellos creyendo entraron en el agua grandes gentes de ellos, donde la mayor parte se ahogó, y los que escaparon se tornaron cristianos. Muchos de los rabinos de los judíos, convencidos por los manifiestos testimonios de la Escritura, por no confesar nuestro Cristo ser el Mesías, se acogen a sus desvaríos. Dicen que es verdad que el Mesía nació en tiempo del rey Herodes, más que esta por los pecados escondido. Y en dónde está escondido, no convienen; unos dicen, que está en Sion, en compañía de los ángeles; otros dicen, que está de la otra parte de los montes Carpíos; otros dicen, que anda mendigando por el mundo y que se mostrara cuando placera a Dios. Veis aquí, como el diablo los trae engañados. Demos, pues, nosotros gracias al Señor, que nos ha hecho tanta misericordia, como es darnos a conocer a su Hijo Jesucristo, en el cual creyendo somos salvos. Su Majestad haga la misma gracia a los judíos y a todas las demás gentes y naciones, que aún no lo conocen y por eso lo blasfeman; para que conociéndolo lo glorifiquemos y alabemos todos de un corazón conforme a lo que en el salmo 117 se nos manda. Alabad, dice, a Jehová, todas las gentes, alabadlo todos los pueblos. Porque ha engrandecido sobre nosotros su misericordia y la verdad de Jehová es para siempre.

Concluiré con los judíos con un paso notable de Jeremías, cap. 23, v. 5, en el cual todas las tres cosas que pretendemos probar estar en Cristo, se prueban y verifican, que son su divinidad, su humanidad y oficio, Dios viendo el poco cuidado que los malos pastores tenían de sus, ovejas racionales, y por el contrario, el estrago que hacían de ellas, amenaza a los tales pastores que los castigara y les quitara el oficio, y que en su lugar pondrá buenos pastores que las apacienten; y principalmente les promete a Cristo, que es el pastor de los pastores. Dice, pues, Dios de esta manera, (y porque este paso es contra los judíos, lo alegaré conforme a su traducción): He días vinientes, dicho de Adonai, y levantaré a David hermollo (*renuevo*) justo, y reinará rey y prosperará y hará juicio y justicia en la tierra. En sus días será salvo Jehudah y Israel morara a fiducia; y este su nombre que llamaran Adona, nuestro justo.» Lo mismo casi palabra por palabra dice el mismo Jeremías, cap. 33, v. 14. Este paso los antiguos hebreos entienden, como es la verdad, del Mesías, al pie de la letra. Y así el caldeo tradujo lo que aquí está hermollo justo, Mesías justo. Presupuesto esto, que este lugar se entiende del Mesías, veamos lo que el mismo Dios dice de él. Primeramente, dice, que levantara a David Hermilo o renuevo justo, en lo cual se denota la naturaleza humana del Mesías, el cual, según la carne se llama y es hijo de David. Hasta aquí convenimos con los judíos.

Lo segundo que dice es, que el nombre con que le llamaran, será Jehová (que los judíos trasladan Adonai.) El nombre Jehová manifestísimamente denota su divinidad; porque puesto caso que Dios tenga muchos nombres, los cuales por ciertos respectos se comunican a las criaturas, pero este nombre Jehová, que significa la esencia divina, el. ser Dios considerado en sí mismo sin ningún respecto de las criaturas, es el propio nombre de Dios, con el cual ninguna criatura, por santísima que sea, por ninguna vía ni manera se puede llamar; y así dice Dios, Isaías 42:8: «Yo Jehová, este es mi nombre.» De lo cual se sigue, que pues el Mesías, es llamado Jehová, que es verdadero Dios.

Los judíos llaman a este nombre inefable; y así nunca lo pronuncian, aunque lo escriben. Y cuando en la Biblia está escrito Jehová, leen Adonai, quiere decir, señor. El que quisiere saber la causa de la superstición judaica en no pronunciar el nombre de Jehová, lea la amonestación al lector que el intérprete de la Biblia española hizo al principio de la Biblia. Y que el nombre del Mesías haya de ser Jehová, los antiguos judíos lo testifican.

Rabbi Abba escribiendo sobre las lamentaciones de Jeremías pregunta: ¿Cuál será el nombre del Mesías? El mismo responde, diciendo: Su nombre será Jehová. Y para confirmación de lo que dice, alega los dos pasos de Jeremías del cap. 23 y del 33, que hemos alegado. Y el comentario sobre el Salmo 20, v. 1 dice: visto que de los sujetos de un rey de carne y de sangre, quiere decir, de un rey temporal, ninguno de ellos se llama del nombre de rey ¿de dónde viene que Dios llame al Mesías de su nombre? ¿Y cuál es su nombre? Ciertamente su nombre es Jehová, conforme a aquello, que se dice; el hombre de combate Jehová es su nombre. Y Rabbi Moses Hadarsan declarando lo que dice Sofonías, *para invocar el nombre de Jehová*, aquí, dice, Jehová no es otra cosa que el rey Mesías.

Lo tercero que dice Dios del Mesías, es que es nuestro justo o nuestra justicia. Este es el oficio principal del Mesías, que no solamente es en sí justo, más que aún es nuestra justicia. Para eso bajó del cielo, se hizo hombre semejante en todo a nosotros, excepto el pecado, nació, vivió en este mundo sufriendo muchos trabajos, padeció muerte etc., para ser nuestra justicia, y hechos justos con su justicia, reconciliarnos con el Padre. S. Pablo hablando de Cristo 1. Cor. 1:30 dice: «el cual es hecho para nosotros de Dios sabiduría y justicia y santificación y redención.» El deseo que tengo que vosotros, hermanos míos, pobres cautivos, pero ricos en la libertad del espíritu y los demás cristianos que estáis en Berbería y tratáis en lengua española con los judíos, sepáis responderles cuanto, al principal artículo de nuestra religión cristiana tocante a la persona de Jesucristo, a sus dos naturalezas, divina y humana, y en cuanto à su oficio, me ha hecho ser largo. Creo, que el cristiano que esto leyere, dará gracias a Dios: porque aquí tiene con que confirmar su fe y bastante que responder y objetar a los judíos. Y porque disputábamos contra judíos que no admiten el testamento nuevo, todas nuestras pruebas y razones son tomadas del testamento antiguo, y las alegamos según la traducción que los judíos han hecho en español. Ahora dejados los judíos hablemos con cristianos.

1.7 La revelación del Nuevo Testamento

En cuanto, al Nuevo Testamento, los cuatro Evangelistas han claramente y sin circunloquios ni rodeos escrito la historia de la vida y hechos de Cristo (aunque muy sucintamente) porque si hubieran de escribir todo cuanto el Señor hizo y dijo ¿cuándo acabaran? Por eso dijo S. Juan, y son las últimas palabras de su evangelio; «hay también otras muchas cosas, que hizo Jesús que si se escribiesen cada una por sí, ni aun en el mundo pienso que cabrían los libros que se habían de escribir. A la historia pues de estos Evangelistas me remito. Ahora para mayor confirmación de nuestra fe pondré aquí cinco maneras de argumentos o razones, que cuentan los Evangelistas, y principalmente S. Juan, con que se prueba la divinidad de nuestro Redentor Jesucristo.

La primera es el testimonio que el Padre da de Cristo en su bautismo y transfiguración. Este, dice, es mi amado Hijo en el cual tomo contento; a él oíd: (Mat. 3:17 y cap. 17, v. 5.)

La segunda razón es tomada del testimonio que S. Juan Bautista da de él (Juan 1:27.) Este es, dice, el que ha de venir tras mí, el cual es antes de mí, del cual yo no soy digno de desatar la correa del zapato. En lo que dijo, *es antes de mí*, denotó la divinidad de Cristo, según la cual Cristo era antes del Bautista, y antes que Abraham fuese, quiere decir, ab eterno. El mismo Bautista, mostrando a Cristo con su dedo, dijo: «Este es el cordero de Dios que quita el pecado del mundo», (Juan, 1:29.)

La tercera razón, las obras y milagros que hizo Cristo, de las cuales hablaron los profetas, pero principalmente Isaías cap. 42 y cap. 61, que ya hemos alegado. Y así son los judíos inexcusables que, habiendo visto las maravillosas obras de Cristo, con todo no lo creyeron. Y para convencerlos dice Cristo, (Juan 15:24) «si no hubiese hecho entre ellos obras, cuales ningún otro ha hecho, no tendrían pecado; mas ahora y las han visto y aborrecen a mí y a mi Padre.» Y cap. 5, v. 36 dice Cristo: «las obras, que yo hago dan testimonio de mí.» Y cap. 10, v. 37-38 dice Cristo: «si no hago obras de mi Padre, no me creáis; más si las hago, y si a mí no creéis, creed a las obras, para que conozcáis y creáis que el Padre es en mí y yo en el Padre.» Y cap. 14, v. 11: «no me creéis, que yo soy en el Padre y el Padre en mí, otramente creedme por las mismas obras.»

La cuarta razón son los muchos testimonios, que hay en la sagrada Escritura de la divinidad de Cristo. Por lo cual el Señor, hablando con los judíos, (Juan 5:39) les dice: «escudriñad las Escrituras etc., ellas dan testimonio de mí.» Cuanto al testamento antiguo ya hemos (confutado a los judíos cuanto a su Mesías que aún esperan) alegado algunos notables pasos, como es el del Salmo 110, «asiéntate a mi derecha etc.» Ahora con la brevedad posible alegaremos manifestásemos testimonios del testamento nuevo, que claramente hablan de la divinidad de Cristo; los cuales un español, queriendo probar la divinidad del Hijo de Dios, alegó contra Erasmo pensando que era ariano. En esto último se engañó. El primer lugar es, que el nombre Emanuel, que quiere decir, Dios con nosotros, se da a Cristo, (Mat. 1:23.) El cual lugar es tomado del cap. 7 de Isaías. Segundo es, que todo el evangelio de S. Juan es escrito a este propósito, quiero decir, para probar la divinidad de Cristo; en el cual evangelio Cristo se llama a sí mismo Dios; por lo cual los judíos lo quisieron apedrear como a blasfemo. S. Juan comienza su evangelio diciendo: en el principio era la Palabra, y la Palabra era cerca de Dios y Dios era la Palabra etc., y así va discurriendo por todo su evangelio. Tercero testimonio, S. Tomas como lo testifica S. Juan cap. 20, v. 28 dijo a Cristo: «Señor mío y Dios mío.»

Cuarto testimonio, S. Pablo, (como lo cuenta S. Lucas, Hech. 20:28), hablando con los ancianos de Éfeso, por los cuales había enviado desde Mileto y despidiéndose de ellos, entre otras palabras les dijo: «por tanto mirad por vosotros y por todo el rebaño, en que el Espíritu Santo os ha puesto por obispos para apacentar la iglesia de Dios la cual ganó por su sangre. No duda el apóstol llamar sangre de Dios por la unión de la persona en las dos naturalezas de Cristo, según la cual se dijo: «el Hijo del hombre que está en el cielo.» Quinto testimonio, S. Pablo, Rom. 9:5, hablando de los judíos dice: «cuyos son los padres y de los cuales es Cristo según la carne, el cual es Dios sobre todas las cosas, bendito por siglos.» Sexto testimonio, S. Pablo, Filip. 2:6, hablando de Cristo, dice: «el cual siendo en forma de Dios (quiere decir en substancia de Dios, como lo declara Atanasio) no tuvo por rapiña ser igual a Dios.» Y en otro lugar dijo: «Yo soy el que soy.»

Séptimo testimonio, S. Pablo, Colos. 2:9, hablando de Cristo dice: «en él habita toda plenitud de divinidad corporalmente.» Octavo testimonio, S. Pablo, hablando de Cristo con su discípulo Tito, cap. 2, v. 11-13 dice: «la gracia de nuestro Salvador Dios se manifestó a todos los hombres, enseñándonos que, renunciando a la impiedad y a los deseos del siglo, vivamos en este siglo templada, justa y piamente, esperando aquella esperanza bienaventurada y la venida gloriosa del gran Dios y Salvador nuestro, Jesucristo.» Nono testimonio, el apóstol Hebr. 1:8, hablando de Cristo, dice: «más al Hijo: tu trono, oh Dios, por siglo del siglo.» Y poco antes había dicho hablando del mismo Cristo: adórenlo todos los ángeles de Dios. Décimo testimonio, S. Juan en su primera epístola cap. 5, 20 dice: «y estamos en el verdadero, en su Hijo Jesucristo; *este es el verdadero Dios y la vida eterna.*»

La quinta razón son los testimonios que Cristo da de sí mismo. Y aunque cuanto a los hombres el testimonio que uno da de sí mismo, no vale, porque como dice la ley civil, ninguno en su propia causa vale por testigo; pero cuando el que habla, es Dios, su testimonio vale, porque él es la misma verdad. Y ya hemos suficientemente probado Cristo ser Dios, luego su testimonio de sí mismo vale. Cristo, Juan 5:17 dice a los judíos: «Mi padre hasta ahora obra y yo obro.» Y como luego dice el evangelista: «entonces, por tanto, mas procuraban los judíos matarlo, porque no solo quebrantaba el sábado, más aún también a su padre llamaba Dios, haciéndose igual a Dios,» y lo demás que cuenta el evangelista. Y cap. 10, v. 30 dice Cristo: «yo y mi padre una cosa somos.» Entonces volvieron a tomar piedras los judíos para apedrearlo. Preguntados de Cristo, por qué lo apedreaban, responden, que por sus blasfemias; porque tú, dicen, siendo hombre, te haces Dios etc. Cristo hablando de sus ovejas, un poco antes dijo: «yo les doy vida eterna, y para siempre no perecerán y nadie las arrebatara de mi mano.» ¿Quién puede dar vida eterna a los que creen en él sino Dios? Cristo la da; es pues Dios.

Por tanto nosotros teniendo puesta sobre nosotros una tan grande nube de testigos, tantos testimonios del Padre, de S. Juan Bautista, de los milagros que Cristo hizo, de los testimonios del nuevo y del Antiguo Testamento, y del mismo Cristo creamos con fe viva, fundada sobre la palabra de Dios, que Jesucristo es verdadero Dios y verdadero hombre, el cual murió por nuestros pecados y resucitó por nuestra justificación, Rom. 4:25. Y es esta tan propia obra de Cristo, que ningún otro la puede hacer. Así lo dice S. Pedro, Hech. 4:12: «En ningún otro hay salud; porque no hay otro nombre debajo del cielo dado a los hombres, en que podamos ser salvos.» Murió pues Cristo por salvar los pecadores, de los cuales cada cristiano, si quiere ser salvo, ha de creer, que es uno. El que no lo creyere téngase este tal por cierto que no será salvo sino condenado, como lo dice nuestro Redentor hablando con sus apóstoles, Mar. 16:16. Así lo creía S. Pablo, cuando hablando con su discípulo Timoteo dijo: «palabra fiel, (quiere decir, certísima) y digna de ser recibida de todos, que Cristo Jesús vino al mundo para salvar los pecadores, de los cuales yo soy el primero.» 1. Ti. 1:15. Poco antes había dicho de sí mismo, que había sido blasfemo, perseguidor é injuriador etc. Esto es lo que confesamos en el credo, cuando decimos: creo la remisión de los pecados; quiere decir, creo, que aunque yo no soy digno, que Dios me perdone mis pecados, sino que me eche en el profundo del infierno, pues que nunca le he amado con todo mi corazón, ni he amado a mi prójimo como a mí mismo, mas he quebrantado su ley, y esto no una vez sino infinitas ; pero con todo esto creo, que Su Majestad por su gran misericordia, que me ha mostrado en Cristo, mi Redentor, la cual yo he aprehendido por fe, me ha perdonado todos mis pecados y que no me los imputara. Su Majestad nos aumente la fe; porque Satanás anda bien listo y negociado en meternos dudas en la cabeza para que no creamos ser nosotros del número de aquellos a quien Dios ha perdonado los pecados.

Las causas que hayan movido Dios a perdonar a los pecadores y perdonándolos salvarlos, la Escritura sagrada las trata en muchas partes; pero no pondré aquí sino un solo paso, en el cual se ponen todas las cuatro causas de nuestra salvación. S. Pablo, hablando con los Efesios, cap. 2, v. 4 les dice: «Pero Dios, que es rico en misericordia, por su mucha caridad con que nos amó, aun estando nosotros muertos en pecados, nos dio vida juntamente con Cristo; por cuya gracia sois salvos. Y juntamente nos resucitó y asimismo nos hizo asentar en los cielos con Cristo Jesús, para mostrar en los siglos venideros las abundantes riquezas de su gracia en la bondad para con nosotros en Cristo Jesús. Porque por gracia sois salvos por la fe, y esto no de vosotros que don de Dios es. No por obras para que nadie se gloríe; porque hechura suya somos, criados en Cristo Jesús para buenas obras, las cuales Dios preparó para que anduviésemos en ellas.» El apóstol pone por causa eficiente de un tan gran beneficio, como es nuestra salvación, la gratuita misericordia de Dios; por causa material pone a Cristo, por instrumental, pone la fe, por medio de la cual recibimos este beneficio. Porque, aunque sea muerto por todos, pero no todos serán salvos, sino solo los fieles, solo los que en él creyeren. Por causa final pone la gloria de Dios, que lo glorifiquemos. El Señor, Mat. 5:16, exhortando a sus apóstoles a bien obrar, les dice: así alumbre vuestra luz delante de los hombres, para que vean vuestras obras buenas y glorifiquen a vuestro Padre que está en los cielos. Lo glorificamos cuando todo lo que pensamos, decimos y hacemos, va encaminado a la gloria de Dios y al provecho del prójimo. Para eso nos crio; el bien que hacemos al prójimo, Dios lo pone en su libro de *Recibo*, Dios lo toma a su cuenta, ni más ni menos que si a su Majestad fuera hecho.

Como él mismo lo testifica diciendo Mat. 25:40: «lo que habéis hecho a uno de estos pequeñitos a mí lo habéis hecho.»

1.8 La doctrina de la justificación

Si nuestros adversarios los papistas quisiesen advertir lo que aquí ha hecho S. Pablo, lo cual en otros muchos lugares confirma, no porfiarían tanto en decir el pecador no ser justificado por sola la fe, mas que es necesario además de la fe obras para ser justificado. ¿Qué buenas obras puede hacer un pecador, enemigo de Dios, uno que no está reconciliado con Dios, que no está en su gracia y favor? Todo cuanto hará, dirá y pensara será pecado, todo lo abominara Dios, porque sin fe es imposible agradar a Dios, Hebr. 11:6; y todo cuanto no procede de fe es pecado. Rom. 14:23. ¿Qué es la causa que el sacrificio de Caín no agradó a Dios y el de Abel le agradó y lo aceptó? La fe como lo testifica el apóstol Hebr. 11:4. De manera que es imposible hacer buenas obras que agraden a Dios el que no es justificado por fe. Como el árbol no es bueno porque echa buen fruto, sino al contrario echa buen fruto porque es bueno, así el cristiano no es justificado delante de Dios porque hace buenas obras, mas al contrario hace buenas obras, porque es justificado.

La justificación causa y produce las buenas obras: las buenas obras no causan ni producen la justificación sino son frutos de ella. El hombre, que no hiciere buenas obras, téngase por cierto que nos es regenerado, que no es justificado, que no tiene fe; porque como es imposible que haya fuego sin calor, así es imposible que uno tenga fe verdadera, y crea ser justificado por la sangre de Cristo, que este tal no haga buenas obras. La fe sin obras no es fe, porque está muerta. Y como el hombre muerto o pintado no es hombre sino una apariencia de hombre, así la fe muerta o histórica no es fe, sino una cosa que parece fe. S. Agustín entre otras muy muchas sentencias dicen esta: las buenas obras siguen al justificado, no preceden al que ha de ser justificado.

No somos pues justificados por nuestras buenas obras, sino por la gran misericordia de Dios manifestada en Cristo, lo cual aprehendemos por la fe. Siendo nosotros regenerados, siendo justificados por fe, tenemos paz, (como dice S. Pablo, Rom. 5:1), con Dios por el Señor nuestro Jesucristo, y lo que hacemos le es agradable. Y aunque haya en ella muchas imperfecciones y faltas, el Señor no nos las imputa; y así somos santos y bienaventurados, conforme a lo que dice el mismo S. Pablo Rom. 4:7, tomándolo de David:

«bienaventurados aquellos cuyas iniquidades son perdonadas y cuyos pecados son cubiertos.» (Salmo 32:1.) La justificación del pecador no es salario ni jornal, ni paga que Dios da al pecador por sus buenas obras: porque ¿qué buenas obras hará, (como ya hemos dicho,) el pecador que está en disfavor y desgracia de Dios? La justificación obra es de solo Dios, don suyo es y merced gratuita que su Majestad hace a aquellos que le place, que son los que en su eterno consejo él ha elegido, predestinado y llamado para vida eterna. A estos él les da verdadera y viva fe, para hacerlos capaces de las promesas que su Majestad les hace. Creyeron, dice S. Lucas, Hech. 13:48, todos los que estaban antes ordenados para vida eterna. Esta sana, santa, cristiana y católica doctrina que el hombre sea justificado solo por la fe en Jesucristo sin sus obras, los santos apóstoles la predicaron, los santos doctores de la iglesia católica, regida por el Espíritu Santo, conforme a aquello que su Majestad ha declarado en su sagrada Escritura, la enseñaron y los santos mártires de Jesucristo la confesaron, y por esta confesión fueron martirizados.

La doctrina que el hombre sea justificado por sus obras, que el hombre sea compañero de Dios, y tenga su parte en su justificación, ensalza, engríe y ensoberbece al hombre, que de su naturaleza es soberbio, altivo y orgulloso, que desea ser tan bueno y tan poderoso como el mismo Dios, y querría si le fuese posible, no haber menester al mismo Dios. Porque aquella primera lección, que le enseñó el diablo, cuando le dijo: seréis como dioses, sabiendo el bien y el mal, se le fijó, quedó, imprimió y arraigó en sus entrañas, en su entendimiento y mucho más en su voluntad. Porque ¿qué cosa hay que el hombre, en cuanto hombre y no regenerado, apetezca más que ser señor y mandar? Y por esto esta nueva doctrina, que los hombres sin Espíritu de Dios se han forjado, que no basta creer, que Jesucristo murió por nuestros pecados y resucitó por nuestra justificación, sino que es menester que el hombre se ayude a sí mismo haciendo buenas obras, como que la muerte y pasión del Señor no bastase a salvarlos, les agrada tanto.

Y por el contrario condenan, persiguen y queman a los que profesan y enseñan la contraria, que es la vieja y antigua, la cual los profetas, Cristo y sus apóstoles enseñaron y profesaron; la cual abate, confunde, aniquila y deshace al hombre, y da toda la gloria a Dios y sin hipocresía ni fingimiento ninguno confiesa su miseria é inhabilidad para hacer bien, y su mala inclinación a hacer mal. Y ¿qué maravilla es que confiese esto, pues que S. Pablo, el cual por excelencia, porque trabajó en la conversión de los Gentiles más que ninguno de todos los apóstoles, es llamado el apóstol y vaso de elección, confiesa esto y aún mucho más de sí mismo? Rom. 7:15, 19-20: «ni el bien que quiero hago, antes lo que aborrezco aquello hago.

Ítem, veo otra ley en mis miembros, que revela contra la ley de mi Espíritu y que me lleva cautivo a la ley del pecado que está en mis miembros.» Por lo cual exclama luego diciendo: «¡miserable hombre de mí! ¿quién me librara del cuerpo de esta muerte? «Y el mismo responde:» la gracia de Dios por Jesucristo, nuestro Señor.» Notad, que no dice, yo me libraré por mis buenas obras, por mis grandes trabajos, que tomó en la predicación del evangelio de Jesucristo, del cual no me afrento, y así estoy aparejado a morir por él, como de hecho murió.

No dice, por mis méritos, por mis limosnas, por mis ayunos y disciplinas, como nuestros nuevos Fariseos lo dicen y enseñan ahora; más dice, la gracia de Dios me librara por Jesucristo, Señor nuestro. Humillémonos pues delante del trono de la Majestad divina y con todo nuestro corazón confesemos que de nuestra cosecha no hay en nosotros que pecados y miserias, y que, si hay algo de bueno, si alguna buena obra hacemos, si algo, que bueno sea decimos o pensamos viene de Dios. Él es el que habilita nuestro entendimiento y aficiona nuestra voluntad para que conozcamos lo bueno, lo amemos y lo pongamos por obra. Y así dice S. Pablo, Filipenses, 2:13: Dios es el que en vosotros obra, así el querer como el hacer por su buena voluntad. «Y 2 Corintios, 3:5 dice: «no que seamos suficientes de nosotros mismos para pensar algo como de nosotros mismos; sino que nuestra suficiencia es de Dios.» Y si el hombre aun regenerado, como lo era el apóstol, no puede de sí mismo como de sí mismo, pensar bien ¿cuánto menos podrá hablar bien, y cuanto muy menos podrá obrar bien? Dé pues la gloria a Dios cuando lo hiciere y a sí mismo la confusión. Y no es la cuestión, si podemos de nosotros mismos, como de nosotros mismos, pensar mal, hablar mal y pensar mal. Todo esto nos es natural por el pecado. Y así dice Dios hablando del hombre (como aquel que muy bien lo conoce): «Todo el intento de los pensamientos del corazón del hombre malo es ciertamente con todo tiempo.» Gén. 6:5. La cuestión es, si el hombre de sí mismo, cómo de sí mismo, pueda pensar bien, hablar bien, hacer bien. El apóstol lo niega en los lugares poco ha alegados. Por tanto, cuando hubiéremos obrado bien, digamos, como el Señor lo mandó decir a sus apóstoles: «siervos inútiles somos, porque lo que debíamos hacer hicimos. Luc. 17:10. Los que esto dicen, muy lejos están de pensar que por sus obras merecen esto y lo otro; muy lejos están de pensar, que hay en ellas unas obras que llaman de congruo, y otras de superrogacion que ellos no han menester, y así las reparten nuestros adversarios con quien quieren y hacen cambalaches con ella. Esta doctrina hincha y ensoberbece al pobre hombre y no da la gloria a Dios; por tanto, abominémosla y abracemos la que enseña a abatir y humillar al hombre y dar la gloria a Dios.

Como las arañas convierten en veneno el buen jugo de las flores, de que las abejas hacen su dulce miel, así ni más ni menos nuestros adversarios convierten esta sana doctrina en mal y en ponzoña. Dicen que es pestilencial, herética y abominable, y por la tal la persiguen a fuego y a sangre. Dicen que hace a los hombres haraganes, perdidos, sin cuidado ninguno de obrar bien ni de hacer buenas obras, pues que no son salvos por ellas. A lo cual les respondo, que una cosa es preguntar si las buenas obras justifiquen al hombre o por lo menos sean alguna parte y concurran en la justificación, y otra cosa es preguntar si el hombre cristiano regenerado por el Espíritu de Dios, deba y sea obligado a hacer buenas obras, de manera que, si no las hace, no sea cristiano. Gran diferencial hay entre estas dos preguntas y demandas. En cuanto a la primera ya hemos bastantemente probado por la Sagrada Escritura que un hombre, enemigo mortal de Dios, no regenerado, sin Espíritu de Dios y sin verdadera y viva fe en Cristo, no puede hacer cosa que agrade a Dios, porque sin fe es imposible agradar a Dios. Y por el contrario todo cuanto hace se le convierte en pecado, porque todo lo que no procede de fe, es pecado. ¿Cómo pues este tal se podrá por las obras que hace, justificar delante de Dios y reconciliarse con Dios, hacerse amigo familiar de Dios y aun mas, hijo y heredero de Dios? Porque todo esto se incluye en el nombre de justificación.

La respuesta pues está clara, que un hombre que está en tal estado no puede en manera ninguna hacer obras por las cuales sea justificado y reconciliado con Dios. ¿Qué remedio pues hay para este miserable pecador? ¿Hay alguno? Respondo que ninguno de su parte, pero que lo hay único, excelente y admirable de parte de Dios; al cual tendrá y alcanzara el hombre con tal que crea que Dios es el que justifica al impío y que no hay otro que salve, sino El solo y sin compañía ni ayuda de otra cosa ninguna. El modo que Dios tiene para justificar los impíos, es este: que habiéndose todos los hombres por el pecado apartado de Dios y hecho sus enemigos, Dios por su infinita misericordia, movido de piedad, se condoleció de los hombres, y así entresacó un buen número de ellos sin hacer injuria a los demás, pues justamente eran condenados por haberse apartado de Dios, los cuales, que entresacó, su Majestad en su eterno consejo antes conoció y predestinó para que fuesen hechos conformes a la imagen de su Hijo, para que él sea el primogénito entre muchos hermanos. Y a los que predestinó a estos también llamó, y a los que llamó a estos también justificó, y a los que justificó a estos también glorificó; como lo dice el apóstol, Rom. 8:30.

Mas había un gran estorbo que impedía esta misericordia de Dios, y era su suma justicia. Porque de tal manera Dios es misericordioso que también es justo. Dios había puesto en depósito grandísimos tesoros en las manos del hombre; el hombre como mal deudor, como mal pagador, se alzó con todo y alzado lo perdió todo y así hizo banco roto. Dios quiere ser satisfecho, quiere que el hombre le pague todo cuanto le debe; el hombre no puede pagar y lo que peor es, aborrece tanto a su acreedor que, aunque tuviese de que pagar no le pagaría. Dios entonces, siendo justo en todos sus caminos y misericordioso en todas sus obras, halló un medio para usar de misericordia con el hombre sin hacer contra su justicia. Y así fue muy bien pagado y no perdió ni aun una sola blanca de todo cuanto le debía el hombre. El medio fue este: que envió a su propio y único Hijo, el cual haciéndose por obra del Espíritu Santo hombre en el sacratísimo vientre de la Santísima Virgen, nació de ella; y de tal manera se hizo hombre, que no dejó de ser Dios. Porque era necesario que el que había de redimir al linaje humano fuese hombre y Dios, y Dios y hombre. Porque si fuera puro hombre, fuera pecador como los demás, y así no pudiera pagar ni satisfacer al Padre por nuestros pecados; mas antes hubiera necesidad de quien lo reconciliase con Dios; y si fuera puro Dios y no hombre, no pudiera tomar a su cuenta nuestros pecados ni morir por nosotros. Fue pues necesario, que juntamente fuese verdadero Dios y verdadero hombre, semejante en todo a nosotros, excepto el pecado. Y así pudo pagar y satisfacer por nosotros como de hecho pagó y satisfizo al Padre. Y así tomó a su cuenta y a su cargo todo cuanto el hombre debía, y se echó sobre sus espaldas todos los pecados de todos los hombres.

Humillado pues y abatido de esta manera el Hijo de Dios, el Padre eterno no lo perdonó, mas antes lo entregó por todos nosotros a la muerte y muerte de cruz. Este abatimiento, esta obediencia, esta muerte de cruz fue de tan buen olor al Padre y fue de tanta eficacia y virtud, que el Padre se tuvo por contento, satisfecho y enteramente pagado de todo cuanto todo el linaje humano le debía; y la cédula y obligación que el Padre tenía contra nosotros; por la cual nos demandaba la deuda, fue raída y rasgada, quitándola Cristo del medio y enclavándola en la cruz, como dice S. Pablo, Colos. 2:14. ¡Oh bienaventurada cruz! ¡Oh bienaventurada muerte y pasión de mi Redentor, que tanto bien nos hiciste! Considerando el apóstol S. Pablo este admirable beneficio, que por la muerte de Cristo él y todos nosotros recibimos, dijo, Gal. 6:14: «lejos esté de mí gloriarme sino en la cruz de nuestro Señor Jesucristo; por el cual el mundo me es crucificado a mí y yo al mundo.» Esto que dice S. Pablo de gloriarse en la cruz de Cristo, quiere decir que no se gloriara sino solamente en Cristo crucificado al cual él predicaba; como él mismo, hablando con los Corintios, lo dice. 1 Cor. 1:23. Nosotros, dice, predicamos a Cristo crucificado, que es a los judíos ciertamente tropezadero y a las gentes locura. No se gloriaba el apóstol en la cruz de palo en que Jesucristo fue crucificado, no la honraba ni adoraba, como nuestros adversarios la mandan honrar y adorar, y con la misma adoración que llaman *latría*,[5] que solamente dan a Dios. Esto de la cruz he dicho como de pasada para que ninguno tome de este lugar pretexto de adorar la cruz de palo o de plata; porque hacerlo así es superstición é idolatría.

Y puesto caso que este beneficio de Cristo se proponga a todos los hombres, y que la muerte de Cristo sea de sí suficiente y bastante para salvar todos cuantos se perdieron en Adam, mas con todo esto no todos gozan de este beneficio sino solamente los que creen, los que tienen verdadera y viva fe, la cual nunca esta ociosa, mas obra por caridad ; los que dan crédito a la palabra de Dios y se confían en él, teniendo por certísimo, que antes faltara cielo y tierra que falte Dios, ni aun en una jota, de todo cuanto ha prometido . Esta tal fe no es obra nuestra sino de Dios que la infunde en los corazones de aquellos que a él le place, don suyo es. Y por esto el apóstol, hablando con los Tesalonicenses, les dice: «no es de todos la fe.»

---

5. Un término teológico utilizado en la teología católica para significar la suprema adoración permitida solo a Dios, una reverencia dirigida únicamente a la Santísima Trinidad. Lleva un énfasis en una forma interna de adoración en lugar de ceremonias externas que a menudo son vacías y sin contenido.

(2 Tes. 3:2.) Y S. Lucas dice: «creyeron todos los que estaban antes ordenados para vida eterna.» Hech. 13:48. Tengamos pues, hermanos míos, en muy mucho la fe, que nuestro Dios, movido de misericordia y no por nuestras obras, nos ha dado; roguémosle, como lo hacían los apóstoles, que nos la aumente, que la haga crecer en nosotros de día en día, más y más. Lo cual vemos que su Majestad ha hecho con vosotros. Teníais antes una manera de noticia, un no sé qué de conocimiento y fe en Cristo: ahora le ha placido aumentarla, dándoos mucho mayor noticia de Cristo y del beneficio de su muerte y pasión. El que comenzó la buena obra en vosotros la lleve adelante. Estad pues firmes en la fe, y como buenos guerreros de Dios resistid al enemigo en fe. Veis aquí, hermanos, como Dios justifica al impío por la fe sin la ayuda de las obras buenas que haya hecho o haga: las cuales no tiene antes de ser justificado sino después, porque la raíz y manantial de donde proceden las buenas obras es la fe.

En cuanto a la segunda demanda, si el hombre cristiano, regenerado por el Espíritu de Dios, deba y sea obligado a hacer buenas obras, de manera que si no las hace no es cristiano sino hipócrita, digo, que el tal no tiene de cristiano sino el nombre. Y para mejor entender esto, será menester advertiros que la religión cristiana consiste en dos cosas: en fe, por la cual somos justificados delante de Dios, y en obras con las cuales obedecemos a Dios, que nos las manda hacer, y testificamos a los hombres que tenemos verdadera fe, y por el consiguiente que somos hijos de Dios. El sumario de lo que debemos creer se contiene, como ya hemos dicho, en el credo. El sumario de lo que debamos hacer o no hacer se contiene en los diez mandamientos que Dios con su propia mano escribió en dos tablas de piedra, como están escritos en el cap. 20 del Éxodo, y se repiten en el cap. 5 del Deuteronomio; donde los hallareis todos diez mandamientos enteros. De estos diez mandamientos nuestros adversarios como traidores y alevosos que son contra el Dios que los crio, han totalmente quitado el segundo, que es contra las imágenes; y viéndose con nueve mandamientos, del último, que prohíbe la concupiscencia, han hecho dos. De manera que nos es necesario, si queremos ser cristianos, si queremos hacer nuestro deber, que es vivir conforme a lo que Dios nos manda en su ley, hacer lo que nos manda y huir de aquello que nos prohíbe; bajo pena que si así no lo hiciéremos no tendremos parte en el reino de los cielos sino en el de los infiernos. Esta es la causa porque el Señor nos encarga tan encarecidamente las buenas obras; y esto en muy muchos lugares de la Escritura, de los cuales pondré aquí algunos.

Dios hablando con su pueblo, Lev. 18:5 les dice: «Mis estatutos y mis derechos guardareis; los cuales haciendo el hombre vivirá en ellos.» Lo mismo dice Ezeq. 20:11 y Deut. 6:5. Tendremos, dice, justicia, cuando guardaremos haciendo todos estos mandamientos delante de Jehová, nuestro Dios, como él nos ha mandado. Los sermones de los profetas son unas exhortaciones a guardar la ley de Dios, a bien vivir, a hacer buenas obras, con promesas de parte de Dios de todo buen suceso y felicidad; y por el contrario amenazas contra todos aquellos que no guardaren la ley de Dios, que mal vivieren, que hicieren malas obras. Cuando un doctor de la ley (que era lo que ahora llamamos doctor o maestro en santa teología) preguntó al Señor, qué haría, para poseer la vida eterna, el Señor le respondió: ¿Qué está escrito en la ley? ¿cómo lees? El doctor respondió: «amaras al Señor tu Dios de todo tu corazón y de toda tu alma y de todas tus fuerzas, y de todo tu entendimiento: y a tu prójimo como a ti mismo.» Al cual el Señor dijo: «Bien has respondido; haz esto y vivirás.» Y así (cuando el Señor en el último día juzgara a todos los hijos de Adam) a todos aquellos que hubieren dado de comer y de beber al necesitado, hubieren recogido y acariciado al extranjero, hubieren vestido al desnudo y visitado al enfermo y al encarcelado, a estos tales pondrá a su mano derecha y les dirá: venid benditos de mi Padre, poseed el reino etc. Y por el contrario a los que no se hubieren ejercitado en semejantes obras de misericordia, mas hubieren endurecido sus corazones, no dando de comer ni de beber al necesitado, no albergando al extranjero etc., el Señor los pondrá a su mano izquierda y les dirá: Idos de mí, malditos, al fuego eterno etc. Mat. 25. El apóstol S. Pablo comúnmente en las epístolas que escribió, trata al principio de la fe, como de fundamento y raíz de la religión cristiana, sin la cual fe ninguna cosa agrada a Dios, mas todo le desplace, por hermoso que parezca a los hombres, cuanto fuere hecho sin fe. Lo segundo que hace es tratar de las obras como de frutos que la fe produce.

Cuatro causas y razones hay por qué los hombres deban hacer bien y apartarse del mal.

La primera es la necesidad; porque nos es necesario obedecer el mandamiento de Dios que nos manda obrar bien y apartarnos del mal.

La segunda es la dignidad de las buenas obras, que agradan a Dios y le son sacrificios gratos, y así

Dios las honra con títulos muy honoríficos a las malas con afrentosos.

La tercera, los premios que Dios tiene prometidos a las buenas obras y los castigos a las malas. Y esto no solamente en esta vida, más aún en la por venir. Por tanto, si fuésemos sabios siquiera, nuestro propio interés y provecho nos deberían provocar a hacer bien y a guardarnos del mal, pues que no nos va en ello, sino o ir a gozar de Dios en compañía de los ángeles o ir al infierno con todos los diablos. Irán, dice el Señor, Mat. 25:46, los malos al tormento eterno y los justos a la vida eterna.

La cuarta razón es porque las buenas obras son ejercicios en que se ejercita la fe, y son frutos del Espíritu, como las obras malas son obras de la carne, de desobediencia y de incredulidad. La ociosidad trae consigo grandes males; el diablo en viendo a uno ocioso luego lo ocupa, luego le da en que entender; no le faltan malos pensamientos y malos deseos que le meter en la cabeza; y habiendo el hombre concebido de esta manera el pecado, a su tiempo lo pare. Por tanto, el hombre cristiano que desea servir a Dios, ocúpese en ejercicios de fe, en bien obrar, en bien hablar y en bien pensar, que esto es su deber, porque así lo manda Dios. Los que dicen y así lo tienen lo que yo he dicho y tengo de las buenas obras, no las menosprecian sino las estiman en mucho. Y así exhortan a los demás a bien obrar para que sean perfectos, como su Padre que está en los cielos lo es. Como es necesario que el sol alumbre, el fuego dé calor y el buen árbol eche buen fruto, así es necesario que el cristiano haga buenas obras. Su Majestad nos aumente la fe, para que todo lo que hiciéremos sea para su gloria.

Con todo cuanto hemos dicho de la dignidad y excelencia de las buenas obras, que agradan a Dios, que le son sacrificio de suave olor y que como tales las remunera etc., con todo esto debemos entender que esta dignidad no la tienen de sí mismas ni en sí mismas. Porque aún la más perfecta obra buena que hacemos, es imperfecta, es sucia y manchada; como lo dice Isaías, cap. 64, v. 6: «Todas nuestras justicias son como trapo de inmundicia.» Y así, si Dios las quisiese juzgar con el rigor de su justicia, hallaría bastante por qué condenarlas. Temiéndose de esto aquel a quien Dios halló conforme a su corazón, dice en el Salmo 143:2: «no entres en juicio con tu siervo; porque ningún viviente será justificado delante de ti.» ¿Cómo, pues, son buenas? ¿Cómo son gratas a Dios? ¿Por qué las remunera con vida como si fuesen perfectísimas, siendo tan imperfectas? Eso hace Dios por ser tan bueno, que no les imputa la imperfección que halla en ellas, sino que como si no la tuviesen, como si fuesen perfectísimas, las acepta y galardona. Y todo esto hace porque la persona que las hace, le es acepta, le es grata, siendo justificada por fe: «justificados por fe, dice S. Pablo, Rom. 5:1, tenemos paz para con Dios por el Señor nuestro Jesucristo.» Place, pues, la obra a Dios, porque le place la persona, y la persona place, porque place Cristo.

Concluyamos, pues, de todo lo dicho, ser necesario hacer buenas obras, y que no es cristianó el que no las hace; pero que con todo esto no son causa, ni parte ninguna de la justificación; por el contrario, la justificación es la causa y manantial de todas las buenas obras. Cuando la hija fuere madre de su propia madre, entonces las buenas obras serán causa o parte de la justificación. Se engañan, pues, grandemente nuestros adversarios cuando condenan como errónea, blasfema y herética esta proposición: el hombre es justificado por la fe y no por las obras. Y no solamente condenan la proposición, sino aun a cualquiera que la mantuviere y creyere; y así lo queman vivo, habiéndolo Dios pronunciado por boca de sus santos apóstoles. S. Pablo, Rom. 3:27, hace esta pregunta: ¿dónde está la jactancia? Respuesta: «es echada fuera.» Pregunta: ¿por cuál ley? ¿de

las obras? Respuesta: «no, mas por la ley de la fe.»
Y poniendo la conclusión de esta cuestión dice:
«así que determinamos ser el hombre justificado
sin las obras de la ley.» El mismo apóstol confirma
esta doctrina al principio del cap. 4, v. 2 diciendo:
«Si Abraham fue justificado por las obras, tiene
gloria, mas no acerca de Dios.» (Quiere decir,
tiene de qué gloriarse delante de los hombres, pero
no delante de Dios.)

Y luego alegando la Escritura dice: «creyó
Abraham a Dios y le fue imputado a justicia.» Y
da la razón: «porque al que obra, no se le cuenta el
salario por merced, mas por deuda. Mas al que no
obra sino cree en aquel que justifica al impío, la fe
le es contada por justicia.» Lo cual confirma con
autoridad del Salmo 32:1, donde dice David, ser
bienaventurado el hombre al cual Dios atribuye
justicia sin las obras, diciendo: «Bienaventurados
aquellos, cuyas iniquidades son perdonadas y
cuyos pecados son cubiertos.» Y como Abraham
fue justificado por fe y no por obras, así todos
cuantos son justificados, son justificados por fe y
no por obras, como luego lo dice.

El mismo ejemplo de Abraham y al mismo
propósito alega el apóstol Gal. 3:6; y este es uno
de los argumentos con que confirma su causa: dice
que, si el hombre fuese justificado por las obras

que Dios manda en su ley, que era menester que este tal hombre cumpliese, y esto perfectísimamente, todo cuanto la ley manda. Porque escrito esta: «maldito todo aquel que no permaneciere en todas las cosas que están escritas en el libro de la ley, para hacerlas.» Y por eso Santiago, cap. 2, v. 10, dice: «cualquiera que hubiere guardado toda la ley y ofendiere en uno, es hecho culpado de todos.» Y que por ley entienda la ley moral, quiero decir los diez mandamientos, por lo que luego se sigue, se ve: porque el que dijo, no cometerás adulterio, también ha dicho, no mataras; y si no hubieres cometido adulterio, empero hubieres muerto, ya eres hecho transgresor de la ley etc. Y vemos que no hay hombre, excepto Cristo, que haya hecho todo cuanto la ley manda y con la perfección que ella demanda; porque ¿quién ha amado a Dios con todo su corazón y a su prójimo como a sí mismo? Sigue muy bien la conclusión, que no hay hombre ninguno que sea justificado por las obras, (pues ninguno las puede hacer tales cuales la ley requiere,) sino que es justificado por la gran misericordia del Padre eterno, manifestada en Cristo, la cual aprehendemos por medio de la fe.

Tuvieron los padres y doctores antiguos de la iglesia católica por tan verdadera y por tan católica esta doctrina, que no solamente dijeron el hombre ser justificado por fe, más aún añadieron y no sin licencia de la Escritura, que por sola la fe. Si yo quisiese alegar aquí sus notables dichos a este propósito, seria menester escribir muchos pliegos de papel; pero por evitar prolijidad en cosa tan clara y tan manifiesta, no pondré aquí sino algunos; y esto con la brevedad posible. Y antes que los alegue, os quiero advertir, que cuando los padres siguiendo la palabra de Dios, dicen: el hombre es justificado por sola la fe, no quieren decir otra cosa, sino que es justificado por sola la misericordia de Dios y por solo el mérito de Cristo, lo cual no podemos con instrumento ninguno aprehender, sino con sola la fe.

Orígenes sobre la epístola a los Romanos, cap. 3, v. 27, dice: «Basta la justificación, de sola la fe, para que uno creyendo sea justificado, aunque ninguna buena obra haya hecho.» Y para confirmar lo que ha dicho, trae por ejemplo al ladrón que fue crucificado con Cristo, y a la mujer, a la cual dijo Cristo: «Tu fe te ha hecho salva.» S. Basilio en el sermón de la humildad, dice: «el hombre es justificado por la fe sola.» S. Hilario, sobre el cap. 8. de S. Mateo, dice: «sola la fe justifica.» S. Ambrosio, sobre el cap. 3 a los Romanos, dice: «justificados graciosamente» porque ninguna cosa obrando ni haciendo son justificados por la fe sola, por don de Dios.» Ítem sobre el primer capítulo de la 2 Corintios dice: «Esta es ordenación de Dios, que el que cree en Cristo, sea salvo sin obrar, recibiendo graciosamente la remisión de los pecados por sola la fe.» S. Juan Crisóstomo en muy muchos lugares dice, que por sola la fe sin obras somos justificados. S. Agustín es todo nuestro, el cual de propósito trata esta materia, escribiendo contra los pelagianos, cuya herejía han resucitado los papistas, pues que atribuyen tanto al hombre que dicen que, por su libre albedrío, por sus fuerzas, por sus obras es justificado. S. Jerónimo escribiendo a Ctesiphonte contra estos pelagianos y declarando aquellas palabras del apóstol: «ninguna carne es justificada por las obras de la ley,» dice de esta manera: lo cual para que no penséis ser dicho de la ley mosaica tan solamente y no de todos: los mandamientos, los cuales se contienen en el nombre de ley, el mismo apóstol dice: «*apruebo que la ley es buena.*» Baste lo que hemos alegado.

Los fariseos e hipócritas de nuestros tiempos son tan arrogantes, presuntuosos y tan pelagianos, que no se contentan con decir, que pueden hacer todo cuanto la ley de Dios les manda, más aún pasan mucho más adelante; dicen que pueden hacer y que hacen mucho más de lo que la ley les manda. Y a esto mucho mas llaman obras de supererogación; las cuales ellos pueden dar y aplicar, y así las dan y aplican, y aun con escrito a quien quisieren. Para estos (pues pueden como ellos dicen, cumplir la ley y aun hacer más) en vano Cristo es muerto. Esto es certísimo, que si los hombres pudieran hacer lo que la ley les manda y con la perfección que ella requiere, que fueran justificados por sus obras; y que los tales sin fe se salvaran, pues no habría necesidad de Cristo. Pero por cuanto ningún hombre hay que cumpla la ley, y con la perfección que debe, por eso es menester que no por sus obras sino por la fe en Jesucristo sea salvo. Les pregunto yo a estos nuevos fariseos, a estos nuevos pelagianos, que tan desvergonzadamente dicen que hacen lo que Dios les manda y aún más; ¿cuándo en toda su vida hayan amado a Dios con todo su corazón y a su prójimo como a sí mismo? Sus conciencias, cierto, si no están del todo cauterizadas y poseídas del diablo, les testificaran, que jamás lo han hecho como conviene. No han amado a Dios y al prójimo como deben; luego transgresores son de la ley, luego no la cumplen, ni hacen cuanto les manda, y si no hacen cuanto les manda, mucho menos harán el bien que no les manda.

El cristiano es obligado a hacer todo cuanto bien pudiere y aún más si pudiese. El que mayores dones ha recibido, mas obligado es a bien emplearlos en el servicio de Dios y del prójimo; porque para este fin le hizo Dios merced de ellos. Y cuando hubiere hecho todo su deber, conforme a su poder, que es la gracia que Dios le ha dado, no se ensoberbezca pensando que ha hecho más que lo que debe; mas conociendo su imperfección y que ninguna cosa de bueno tiene de sí mismo, dé la gloria a Dios y a sí mismo la confusión, y así humillado delante de la Majestad divina, diga: siervo inútil soy etc. Haciendo esto tendrá en mucho el beneficio que, por la fe en Cristo, el cual murió por nuestros pecados y resucitó por nuestra justificación, ha recibido, y procurara con el favor divino de tal manera ordenar su vida (como aquel que no es ingrato a tan gran beneficio, merced y misericordia) que Dios sea glorificado y el prójimo ayudado.

Creo que de lo que hemos dicho, tendréis, hermanos míos, suficientes razones para confirmar vuestra fe en Cristo, contra las tentaciones del demonio, y que tendréis mucho que responder a judíos y a anticristianos cuando os demandaren cuenta de vuestra fe y de la esperanza que tenéis; y de esta manera no os avergonzareis del nombre de cristianos que tenéis, ni del Evangelio que profesáis. El cual, como dijo S. Pablo, Rom. 1, 16, es potencia de Dios para salud a todo aquel que cree; al judío primeramente (porque a ellos la palabra de Dios les fue confiada) y después al griego; quiere decir a los que de la gentilidad se convirtieren a Cristo. Debajo de estos dos nombres, de judío y de griego, se comprenden todas las naciones del mundo, las cuales creyendo al Evangelio de Jesucristo crucificado serán salvas, y las que no lo creyeren serán condenadas.

1.9 Sobre el testimonio a musulmanes, judíos y paganos

Ahora para cumplir del todo con mi promesa, será menester deciros algo tocante a los moros, cuyos cautivos (porque así ha placido a Dios, Él sabe por qué y para qué) sois. Cuando la doctrina evangélica se comenzó al principio a predicar, aun viviendo aquellos grandes predicadores, los apóstoles, luz del mundo y sal de la tierra, como el Señor los llama, Mat. 5, se comenzaron a levantar en la iglesia de Dios y entre los mismos que habían recibido el Evangelio, grandes divisiones, cismas y contiendas. Y ya os hemos avisado de esto, para que no os escandalicéis cuando viereis u oyereis divisiones y sectas a causa del Evangelio. Entre otras que al principio hubo, fue esta, que muchos de los judíos convertidos a Cristo querían (como que no bastara la fe en Cristo para ser salvos) obligar a los gentiles convertidos a Cristo, a guardar juntamente con el Evangelio la ley de Moisés, y principalmente la circuncisión ; y así como lo cuenta S. Lucas, Hech.15:1, enseñaban a los hermanos que si no se circuncidaban conforme al rito de Moisés, no podían ser salvos; y para confirmar su falsa doctrina, decían, que así lo enseñaban los apóstoles en Jerusalén, y que Pablo, que enseñaba lo contrario, no era apóstol de Cristo sino discípulo de un Ananías, discípulo de los discípulos de Cristo . Uno de estos que querían poner un tal yugo a los cristianos era (como lo nota Epifanio) Cerinto. A este y a los demás se opuso animosamente S. Pablo, exhortando a los fieles a estar firmes en la libertad, en que Cristo los había libertado y que no se volviesen otra vez a ser presos en el yugo de servidumbre. Les dice y lo firma con su nombre que, si se circuncidan, Cristo no les aprovechara nada. Y así les dice: Otra vez vuelvo a protestar a todo hombre que se circuncidare que es obligado a hacer toda la ley. Vacíos sois de Cristo los que por la ley os justificáis; de la gracia habéis caído. Porque nosotros por el espíritu de la fe esperamos la esperanza de la justicia etc.

Esto y mucho mas escribió S. Pablo en la epístola que envió a los Gálatas, a muchos de los cuales los falsos engañadores habían engañado. El fuego se encendió tanto entre las dos partes, que fue menester para confirmación de la verdad enviar a ambas partes a Jerusalén, donde aún residía el sacro senado de los apóstoles. Venidos a Jerusalén, se juntaron los apóstoles y los ancianos para conocer de este negocio. La parte contraria tenía sus fautores en la iglesia de Jerusalén, que eran algunos de la secta de los fariseos que habían creído. Habida grande contienda sobre este negocio, Pedro, como uno de los principales del concilio, dijo su parecer ; el cual condena como a yugo intolerable la doctrina de aquellos que enseñaban la circuncisión y lo demás de la ley ser necesaria para ser salvos: y abona y aprueba la contraria, que es la doctrina de la fe que Barnabas y Pablo predicaban ; y así concluye su razonamiento, diciendo : por la gracia del Señor Jesucristo creemos ser salvos también como ellos, quiere decir, los judíos y los gentiles . Entonces toda la multitud (que estaba en el concilio, de los cuales cada uno decía su parecer) calló y oyeron a Pablo y a Barnabas que eran la parte contraria. Los cuales defendiendo constantemente su causa como punto principal de la religión cristiana, que no admite otra justicia sino por la fe en Cristo, contaron las grandes maravillas y señales que Dios había hecho por medio de ellos entre las gentes. Y desde que Pablo y Barnabas hubieron acabado de hablar, Santiago, como presidente del concilio, por ser (como dicen) obispo de Jerusalén, donde se tenía el concilio, habiendo oído a ambas partes y habiendo tomado el parecer de los del concilio, determinó en nombre de la iglesia la causa, después de haber aprobado el parecer de Pedro, al cual llama Simón, y de haberlo confirmado con lo que habían dicho los profetas. Y así concluye diciendo: «por lo cual yo juzgo que los que de las gentes se convierten a Dios no han de ser inquietados, sino escribirles etc.»

Entonces los apóstoles, ancianos y toda la iglesia o concilio escribieron una carta a los convertidos de los gentiles, en la cual les hablan de esta manera: «por cuanto hemos oído que algunos que han salido de nosotros os han inquietado con palabras, trastornando vuestras ánimas, mandándoos circuncidar y guardar la ley, a los cuales no mandamos, nos ha parecido ayuntados en uno de elegir varones y enviarlos a vosotros con nuestros amados Barnabas y Pablo, hombres que han entregado sus vidas por el nombre de nuestro Señor Jesucristo. Así que enviamos a Judas y a Silas, los cuales también por palabra os harán saber lo mismo: que ha parecido bien al Espíritu Santo y a nosotros, de ninguna carga os poner» etc. Venidos Judas y Silas, portadores de la carta, y Pablo y Barnabas juntamente con ellos a Antioquía, juntando la multitud, quiere decir la iglesia de cristianos que había en Antioquía, dieron la carta; la cual como leyeron, fueron gozosos de la consolación etc.

Veis aquí el buen suceso que hubo esta cuestión si el hombre es justificado por fe sin las obras que Dios mandaba en su ley, o no, en el concilio que verdaderamente fue regido por el Espíritu Santo. Con todo esto la parte contraria no cesó de enseñar su falsa doctrina, mezclando la ley con el Evangelio. De estos salieron los Ebionitas y los Cerintianos, de los cuales salieron después los grandes herejes, los arianos, que totalmente nos quitaban nuestra salud por la fe en Cristo, haciéndolo menor que el Padre y no consubstancial con el Padre; la cual herejía fue condenada en aquel famosísimo concilio niceno que el gran Constantino convocó. De estos arianos, volviendo a nuestro propósito, como trescientos años después de Ario, salió Mahoma, que compuso su

Alcorán o ley, mezclando la ley de Moisés con el Evangelio.

De la ley tomó el circuncidarse, el no comer carne de puerco y las purificaciones, lavándose etc. Del Evangelio tomó decir que Cristo era Palabra de Dios; dijo que Cristo era espíritu, virtud y ánima de Dios que nació de la virgen María, la cual lo concibió sin conocer varón. Pero con todo esto niega ser Dios, niega ser hijo de Dios, contra los manifiestos testimonios que del nuevo y del antiguo Testamento ya hemos, para confirmación de la divinidad de Cristo, alegado ; niega, como Ario, Cristo ser ab eterno engendrado de la substancia del Padre ; niega ser sacrificio por el linaje humano ; echa por tierra todo cuanto el Evangelio enseña tocante a la remisión de los pecados y tocante a la fe, la cual recibe la reconciliación por medio de Cristo que es el solo mediadero entre Dios y los hombres; dice que Cristo es un excelente profeta y embajador de Dios, que Dios envió al mundo para que se enmendase ; dice que por cuanto los hombres usaron mal de la doctrina de Cristo, que Dios envió a Mahoma como a mas excelente profeta, el cual con la espada castigase a todos aquellos que no obedeciesen a su Alcorán . Los Mahometanos, usando de esta violencia y fuerza se han alzado con Arabia y con gran parte de África, con casi toda la Asia menor y mayor, y con gran parte de la Europa. Los cuales hoy a cien años fueron totalmente echados de nuestra España. El reino de Mahoma y el del papa ya ha casi mil años que comenzaron. El papa comenzó como zorra, con astucia y con engaño bajo color de santidad. El primer papa fue Bonifacio III; este fue el primero que se llamó obispo universal, lo cual ninguno de los obispos de Roma, sus predecesores, jamás se había llamado. Mahoma casi en el mismo tiempo comenzó como león, con violencia.

Y así ambos han entretenido sus reinos y perseguido el de Cristo; Mahoma con su Alcorán y el papa con sus decretales. Manda Mahoma en su Alcorán que, si algún judío o cristiano preguntase a sus mahometanos algo de su ley y secta, que no les respondan, y que les digan que a cada generación es dada ley, y que cada uno siga su ley, y que luego los dejen y se aparten de ellos sin escuchar lo que más les respondieren y dijeren. Este error y secta guardan hasta hoy día los mahometanos contra toda razón natural, que nos enseña saber la verdad, y que la busquemos y amemos; porque procede de Dios. Y no hay donde podamos hallar la verdad tocante al conocimiento del verdadero Dios y de la religión y culto con que quiere ser honrado, sino solamente en la palabra de Dios, que los santos profetas en el Testamento Antiguo, y Cristo y sus apóstoles en el Nuevo han enseñado y predicado. Si los mahometanos admitiesen la sagrada Escritura, se podría disputar con ellos; pero ya que no la admiten no hay que hablar con ellos; porque contra quien niega los primeros principios de la religión, que es la Palabra de Dios, no hay que disputar. La manera de disputar que les place y que usan, son las armas, fuego y sangre, y no razones. Concluiremos diciendo, que es imposible ser verdadera religión con que Dios se sirva aquella que desecha la doctrina que los profetas y los apóstoles enseñaron; el Alcorán desecha la doctrina de los profetas y de los apóstoles, luego no es verdadera religión de Dios.

Ítem, la verdadera religión se confirma con la Palabra de Dios; luego donde no hay Palabra de Dios, no hay verdadera religión.

El Señor por su gran misericordia lleve adelante la buena obra que en vosotros ha comenzado y os dé gracia que cada día crezcáis de fe en fe, de conocimiento de sus misericordias en mayor conocimiento; os conceda que crezcáis de virtud en virtud, de tal manera que con vuestro buen ejemplo de paciencia en vuestros trabajos y con vuestra bondad y santidad de vida vuestros propios adversarios sean convencidos en sus conciencias, cuando con la boca no lo quisieren pronunciar, a decir: ciertamente nosotros estábamos engañados, esta es otra gente de la que pensábamos etc. Podrá ser que, con vuestra buena vida, con vuestro buen ejemplo de piedad y bondad y con vuestro buen razonar de cosas de Dios, que oirán y verán en vosotros, algunos de ellos se conviertan a la verdadera religión cristiana. Esto no es imposible; porque lo que ya ha algunas veces acontecido, que por medio de un pobre cautivo o cautiva, se hayan muchos y aun algunas veces todo un reino convertido a nuestra santa fe católica, que está escrita en la sagrada Escritura; esto mismo podrá acontecer ahora, que por vuestro medio tomándoos Dios por instrumento se conviertan algunos.

Andrés Hiperio, varón docto y pio, flamenco de nación, en su primer libro que intituló de *sacræ Scripturæ lectione quotidiana*, de la lección cotidiana de la sagrada Escritura, libro cierto digno de ser leído, recogió algunos notables ejemplos a este propósito; de cuyo trabajo yo aquí me serviré. Dice pues de esta manera: Como sea así, que nunca se permita a los obispos y predicadores tener libertad de entrar a gentes extrañas, bárbaras y remotas naciones, para predicar el Evangelio, ha empero acontecido que algún hombre plebeyo, que con su arte y oficio ganaba su vida, o algún soldado, mercader o factor siendo cautivo haya acaso venido a las tales gentes. Este hombre pues por haberse, cuando estaba en su libertad, dado a leer la sagrada Escritura, luego que tuvo alguna noticia del lenguaje de aquellos cuyo cautivo era, comenzó a tratar de los principales puntos de la religión cristiana; al principio con pocos y después andando el tiempo con muchos. En fin, este insistió tanto en hacer esto con un admirable espíritu, gracia y vehemencia, que muchos de sus oyentes de muy buena voluntad abrazaron nuestra religión. Y de esta manera aquellos a quien ni el cuidado ni diligencia de los obispos, ni las armas de los reyes ni de los príncipes, ni la fuerza, potencia, ni astucia ninguna nunca pudieron hacerlos amigos nuestros, una poca de noticia de la palabra de Dios que un pobre laico o seglar como llaman tenia, los trajo a nosotros y nos juntó con un vínculo indisoluble, que no se podrá deshacer.

Rufino en su historia eclesiástica, lib. 10, cap. 9, y Teodoreto lib. 1, cap. 22 cuentan una historia notable y es esta: Un mancebo llamado Frumencio, instruido en piedad y en buenas letras, se fue en compañía de Meropio Tiro, filósofo, hasta la India, donde lo cautivaron y cautivo lo hicieron servir de servicios viles; pero llevado después a la corte y haciendo muy bien todo cuanto se le mandaba, le dieron un oficio o cargo. Este hallando oportunidad juntó consigo ciertos mercaderes romanos bien ejercitados en nuestra religión; ayudado de estos comenzó a juntar congregaciones al modo de los cristianos; y él con una gran constancia y sinceridad les predicaba el Evangelio. En conclusión, exhortando a los que oían sus sermones fue causa que todos los de aquel reino se tornasen cristianos y que con gran religión creyesen Jesucristo ser el solo y único Redentor.

Los mismos autores en los capítulos siguientes cuentan de una cierta mujer cristiana de poca estofa, la cual estando cautiva en tierra de los Iberos (que son pueblos septentrionales) como en gran manera se angustiase con la hediondez de la mazmorra, se dio a ayunos y oración; y de tal manera se dio a invocar al Señor, que en breve tiempo vino a alcanzar admirables virtudes y verdaderamente apostólicas. Primeramente, ella tuvo un gran don de hacer grandes milagros y prodigios. Demas de esto enseñaba los principales puntos de la religión cristiana con tanta gracia, cuanta todos podían admirar en un tal sexo, é imitar ninguno. Siendo pues ella adornada de estos dones, los cuales ejercitaba con gran diligencia y singular fe, en muy poco tiempo trajo al rey, reina y a todos sus vasallos al conocimiento del verdadero

Dios y Salvador nuestro Jesucristo. A los cuales ya convertidos les persuadió, que edificasen templos en los cuales se congregasen para oír la palabra de Dios, y los exhortó que enviasen sus embajadores al gran Constantino, que entonces era emperador de Roma, para que les enviasen hombres doctos que los enseñasen. El buen emperador se alegró tanto con esta embajada, como si hubiera con sus armas conquistado nuevos reinos y provincias. Y así les envió luego varones de muy buena y de santa doctrina.

Escribe también Nicéforo Calisto en el libro 8, cap. 35 de su historia eclesiástica, que uno, llamado Gregorio, al cual Peridates, rey de los armenios, había detenido en una profunda y cenagosa fosa, después de haber padecido muy muchas injurias y diversos trabajos y tormentos por espacio de catorce años en el dicho lugar, convirtió a toda la Armenia, haciéndoles dejar la idolatría y adorar a un solo y eterno Dios conforme a la religión cristiana. Este mismo autor, cap. 33, dice, que las guerras que los romanos hicieron a las naciones bárbaras, y principalmente siendo emperador Galieno y después de él, fueron muy muchas veces causa que la religión cristiana se propagase y cundiese por diversas partes del mundo. Porque los romanos que los barbaros tomaban cautivos, esos mismos cautivos enseñaban a sus amos la verdadera religión cristiana. Zonaras, autor griego, cuenta que en el tiempo que los búlgaros hacían cruel guerra a los Constantinopolitanos, que los Constantinopolitanos capturaron una noble doncella, la cual llevada à Constantinopla aprovechó muy mucho en las buenas letras y en la doctrina evangélica; la cual vuelta a su tierra persuadió al rey de los búlgaros (cuya hermana era, lo cual los nuestros nunca entendieron) que él y sus súbditos se hiciesen cristianos. Lo cual aconteció año del Señor de 866 etc.

El mismo Dios que entonces por medio del muchacho Frumencio, por medio de una baja mujer, por medio de Gregorio, vil y abatido cautivo en cuanto al mundo, por medio de una doncella noble y por otros semejantes medios pudo hacer e hizo que se convirtiesen no solamente personas particulares sino reyes y reinos es el que hoy día vive y reina; este mismo podrá ahora hacer otro tanto por medio de alguno de vosotros. Estad pues firmes en la fe; y en medio de vuestros intolerables trabajos, en vuestras prisiones y mazmorras meditad lo que habéis leído u oído de la sagrada Escritura. Se os acuerde lo que vuestro Redentor padeció por vosotros dejándoos ejemplo para que vosotros también padecieseis por él. Resolveos en esto (lo cual hará muy fáciles vuestros trabajos) que lo que en este tiempo padecéis por Cristo no es de comprar ni tiene que ver con la gloria venidera, que por Cristo os ha de ser manifestada. Lo que ahora padecéis es temporal, al fin se ha de acabar; mas la gloria que esperáis de gozar y gozareis será eterna que nunca jamás se acabará.

Invocad pues al Señor, que os asista y dé fuerzas para que no solamente creáis en él, mas para que padezcáis constantemente por su nombre. Podrá ser que el Señor se querrá servir de vuestro medio para convertir a algunos de aquellos que ahora os persiguen. Concluiré pues mi largo razonamiento con lo que S. Pablo, Efes. 6:5, dice hablando con siervos y cautivos como vosotros. Siervos, dice (o cautivos) obedeced a los señores según la carne con temblor y temor, con sencillez de vuestro corazón como a Cristo; no sirviendo al ojo como los que agradan a los hombres, sino como siervos de Cristo, haciendo de ánimo la voluntad de Dios, sirviendo con buena voluntad al Señor y no a los hombres; estando ciertos, que el bien que cada uno hiciere, esto recibirá del Señor, sea siervo o sea libre.

1.10 Palabras de clausura

Aceptad, hermanos míos, muy amados en el

Señor, mi buena voluntad de haceros algún bien y servicio; lo que he podido hacer he hecho; lo demás súplalo su Majestad. Orad al Padre de las misericordias por su iglesia santa, católica y apostólica, que la conserve y guarde contra la tiranía de las decretales del papa, del Talmud de los judíos y del Alcorán de Mahoma. Oren por nuestra España y principalmente por el rey y por todos aquellos que tienen el gobierno de la república, que Dios les haga gracia de leer y meditar la sagrada Escritura, sin noticia de la cual es imposible (como por la misma Escritura y por los doctores antiguos hemos ya suficientemente probado) que ellos hagan su deber ni que los súbditos sean bien gobernados en verdadero temor de Dios. Orad también por mí. Yo estoy cierto que Dios oye las oraciones de los cautivos y los gemidos y suspiros de los afligidos (cuales sois vosotros) cuando lo invocan con fe y no dudando nada. Porque el que duda, como dice Santiago cap. 1, v. 6, es semejante a la onda de la mar, que es movida del viento y es echada de una parte a otra. Ciertamente no piense el tal hombre que recibirá ninguna cosa del Señor etc.

Yo de cierto me acuerdo de vosotros en mis oraciones, suplicando al Padre de las misericordias, que os aumente la fe, os dé paciencia en vuestras aflicciones y cautiverio, os haga constantes en la confesión de su nombre, os enriquezca de sus dones espirituales, para que cuando el Señor venga a juzgar vivos y muertos, hallándoos tales por haberos él hecho tales, os diga: venid benditos de mi Padre, poseed el reino aparejado para vosotros desde la fundación del mundo. Al cual, que con el Padre y con el Espíritu Santo vive y reina eternamente, sea gloria y honra para siempre. Amen.

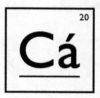

Acerca del Cántaro Institute
Heredar, Informar, Inspirar

El Cántaro Institute es una organización evangélica reformada comprometida con el avance de la cosmovisión cristiana para la reforma y renovación de la iglesia y la cultura.

Creemos que a medida que la Iglesia cristiana regresa a la fuente de las Escrituras como su última autoridad para todo conocimiento y vida, y sabiamente aplica la verdad de Dios a cada aspecto de la vida, su actividad misiológica resultará no solo en la renovación de la persona humana, sino también en la reforma de la cultura, un resultado inevitable cuando la verdadera amplitud y naturaleza del evangelio es expuesta y aplicada.

Printed in the USA
CPSIA information can be obtained
at www.ICGtesting.com
JSHW082016030424
60175JS00002B/60

9 781990 771514